AF359926

LA CONFÉRENCE

MONÉTAIRE

DE 1881

PARIS

TYPOGRAPHIE GEORGES CHAMEROT

19, RUE DES SAINTS-PÈRES, 19

LA CONFÉRENCE

MONÉTAIRE

DE 1881

PAR

LOUIS PAULIAT

PARIS

LIBRAIRIE NOUVELLE

15, BOULEVARD DES ITALIENS, 15

—

1881

LA
CONFÉRENCE MONÉTAIRE
DE 1881

Si on étudie la question monétaire, telle qu'elle se présente devant la Conférence internationale qui doit se réunir à Paris le 19 de ce mois, on remarque de suite qu'elle est toute différente de ce qu'elle était il y a une douzaine d'années.

A l'époque de la Conférence de 1867, on se préoccupait spécialement d'étendre l'Union monétaire, dite l'*Union latine*, fondée en 1865 entre la France, la Belgique, la Suisse, l'Espagne, l'Italie et la Grèce, et qui avait adopté pour sytème monétaire commun le système monétaire français; on ambitionnait pour tous les peuples une monnaie unique, identique, qui aurait fait disparaître l'isolement et les embarras causés par la diversité des pièces nationales; et, de même qu'on s'efforce d'établir sur le globe entier l'unification des tarifs postaux, télégraphiques, douaniers, etc., on cherchait à trouver les bases d'un système monétaire uniforme, que tous les gouvernements eussent pu accepter, et à préparer ainsi une Union générale de tous les pays. Ces hautes considérations, en ce moment, sont passées à l'arrière-plan. Pour les grands pays civilisés, et notamment pour la France qui a pris l'initiative de la prochaine Conférence, il ne s'agit plus de travailler sentimentalement à l'avènement de cet ordre de chose annoncé par la Bible, *unus pastor et unum ovile,* c'est-à-dire de faire avancer l'heure où les nations, ne formant qu'un seul peuple, auront le même gouvernement. Le désir d'une entente est aujourd'hui général; mais c'est la raison la plus positive qui la conseille, et cela parce que, de l'opinion de tous, le commerce extérieur de chaque pays, sa circulation monétaire et d'autres graves intérêts, sont maintenant engagés dans la question.

En résumé, la question monétaire était autrefois, pour ainsi dire, uniquement agitée dans des préoccupations abstraites ou de cosmopolitisme; c'est sans doute ce qui fait qu'elle est restée pendante. Mais comme, actuellement, on n'est guidé que par la nécessité de donner satisfaction à des besoins réels, et de porter remède à une situation intolérable, il est évident qu'une solution ne saurait être indéfiniment reculée. En sociologie, l'idéal, le progrès entrevu, n'ont chance d'entrer dans les faits que lorsque les faits eux-mêmes ne se refusent pas à leur réalisation, lorsqu'au contraire ils la réclament. Il n'y a qu'à ouvrir les yeux pour s'assurer que nous en sommes précisément là en ce moment.

I

Si la question monétaire s'est ainsi transformée depuis 1867, c'est à la loi de 1871, par laquelle l'empire allemand décréta chez lui la démonétisation de l'argent, qu'il faut l'attribuer.

En faisant décider par le Reichstag, d'une part, que le système monétaire de l'Allemagne, qui avait toujours eu pour base l'étalon unique d'argent, reposerait désormais sur l'étalon unique d'or, et de l'autre, que les monnaies d'argent en circulation dans l'empire seraient retirées de la circulation et écoulées à l'étranger, M. de Bismarck n'avait pas prévu les conséquences que cette résolution devait avoir.

Les nations de l'Union monétaire en effet prirent immédiatement l'éveil. Si elles étaient restées indifférentes, M. de Bismarck aurait placé chez elles le produit de la fonte de ses thalers et, en échange, retiré une somme correspondante en monnaie d'or; elles auraient été de la sorte envahies par un métal encombrant dont les Allemands ne voulaient plus, et leur stock de monnaie d'or, déjà fort diminué par les emprunts contractés à la suite de la guerre, se serait encore trouvé réduit de plusieurs centaines de millions.

Pour obvier à ce danger, deux mesures successives furent adoptées par l'Union. On commença par limiter le monnayage de l'argent à une certaine somme annuelle; puis, comme cela n'était pas suffisant, au moins au point de vue de l'effet moral, on le suspendit tout à fait.

On sait qu'avant ces mesures, c'est-à-dire avant 1874, n'importe qui, national ou étranger, avait le droit de faire frapper tout l'argent qu'il voulait aux Hôtels des Monnaies de l'Union monétaire. Il n'avait qu'à porter du métal à ces hôtels, pour le recevoir, quelques jours après, converti en numéraire du pays. En suspendant le monnayage de l'argent, l'Union obligeait les Allemands à écouler, ailleurs que chez elle, le métal dont ils désiraient se débarrasser, et à demander à d'autres pays l'or qu'il leur fallait pour combler les vides produits chez eux par la démonétisation de l'argent.

Mais, dans l'ordre économique, tout s'enchaîne et se tient. Cette suspension du monnayage de l'argent, dans l'esprit de l'Union monétaire, était toute défensive, exclusivement destinée à protéger sa circulation d'or. Bien qu'elle ne fût dirigée que contre l'Allemagne, le monde entier en a ressenti le contrecoup, et elle a jeté le bouleversement dans la situation monétaire internationale; voici pourquoi :

Les pays de l'Union monétaire étaient pour ainsi dire les seuls en Europe où le monnayage de l'argent fût libre, car en Autriche et en Russie, il n'y a que du papier-monnaie. Les lingots d'argent de toute provenance trouvaient dans leur circulation, et principalement dans celle de la France et de la Belgique, un débouché toujours ouvert, jamais rempli; il n'y avait qu'à les faire monnayer pour avoir de quoi en acheter instantanément des valeurs mobilières, des marchandises ou des immeubles, toujours négociables. Aussi qu'arriva-t-il par suite de la suspension du monnayage? Ce débouché leur fut fermé. Il ne leur restait plus que le débouché de l'industrie et la circulation de quelques pays pauvres, où l'on n'aurait rien pu donner d'acceptable en échange. Par le fait, de métal monétaire qu'il était auparavant, l'argent devint donc une simple marchandise; et comme l'écoulement était relativement insignifiant, l'offre dépassa bientôt la demande dans des proportions considérables. Il en fut de lui en cette circonstance comme de toute marchandise dans le même cas : ses prix baissèrent ; la dépréciation, à un certain moment, atteignit 25 p. 100, et elle serait certainement allée plus loin, si plusieurs gouvernements n'avaient combiné leurs efforts pour soutenir les cours.

Si la suspension du monnayage de l'argent dans les pays de l'Union a été la cause indirecte de la crise dont on souffre aujourd'hui, la cause directe et véritable réside dans la déprécia-, tion de ce métal, dépréciation qui persiste, et qui ne pourrait prendre fin que si l'on rendait à l'argent ses anciens débouchés.

Cette crise, qu'on le sache bien, n'est pas particulière à un, à deux, à trois pays ; elle est universelle ; il n'y a pas une contrée dont les intérêts ne soient plus ou moins atteints.

Ainsi, devant la dépréciation de l'argent, l'Allemagne, qui avait déjà perdu 120 millions de francs à changer contre de l'or la moitié de ses anciennes monnaies d'argent, a été obligée de renoncer à la démonétisation ordonnée par la loi de 1871 : pour chaque thaler qu'elle retirait de la circulation et qu'elle devait remplacer par de l'or, elle perdait de 20 à 25 p. 100.

La Russie et l'Autriche, qui ont l'étalon d'argent, et les nations de l'Union, lesquelles possèdent une énorme circulation d'argent, éprouvent également une certaine inquiétude : avec la baisse de l'argent, leur numéraire n'a plus une valeur intrinsèque en rapport avec sa valeur nominale : la première est devenue inférieure à la seconde, de toute la moins-value éprouvée par le métal.

Les États-Unis, qui veulent sortir du régime du papier-monnaie et reconstituer leur circulation métallique, sont de leur côté contraints d'attendre : ils n'osent monnayer de l'argent, s'il ne doit plus avoir accès dans les systèmes monétaires étrangers ; le sort de leurs riches mines argentifères, sur lesquelles tant de capitaux se sont portés, ne laisse pas, en outre, de leur causer quelque souci.

Il n'est pas jusqu'à l'Angleterre, qui jouit cependant depuis plus de soixante années de l'étalon unique d'or, qui ne soit elle-même très sensiblement touchée. Tous les ans, le gouvernement

de l'Inde lui verse une contribution qui ne s'élève pas à moins
de 15 millions de livres sterling, soit 375 millions de francs.
Le Royaume-Uni ne peut être payé qu'en or; mais comme dans
l'Inde c'est l'étalon unique d'argent qui règne, chaque année il
y a nécessité pour l'administration indienne de changer de l'argent contre les 375 millions de francs d'or qu'elle doit envoyer
à la métropole. Lorsque les lingots d'argent avaient, dans la circulation de la France et de l'Union, un débouché permanent, ce
change était facile; mais depuis que ces lingots sont devenus
des marchandises, on ne peut l'effectuer qu'au prix des plus
lourds sacrifices. Si nous en croyons M. Cernuschi, qui s'est
renseigné aux meilleures sources, il reviendrait aujourd'hui à
75 millions de francs! On imagine aisément les plaintes que
cet état de choses, qui peut encore s'aggraver, doit soulever à
Calcutta et à Bombay.

Ces faits peuvent donner une idée du caractère universel de
la crise, en montrant que les Indes, l'Amérique et l'Europe, sont
affectées à des titres divers par la dépréciation de l'argent et la
cessation de son monnayage. Ils ne sauraient suffire toutefois à
faire sentir le degré d'acuité auquel elle est arrivée, ni toutes
les perturbations dont elle peut devenir la source. Nous serions
entraîné trop loin, si nous voulions en énumérer les conséquences fâcheuses. On nous permettra seulement d'en signaler
deux, qui feront voir jusqu'à quel point, pour une cause en apparence très secondaire et dont on ne saisit pas de prime abord
tous les rapports, les relations économiques des peuples cou-
rent le risque d'être complètement compromises.

Jadis, on considérait les systèmes monétaires comme des institutions exclusivement intérieures, nationales, qui, de même que
l'organisation judiciaire ou toute autre administration publique,
ne pouvaient avoir aucun point de solidarité avec l'étranger.
De nos jours, il n'est plus possible d'entretenir une pareille
opinion. Depuis vingt ans, le commerce international a pris des
proportions qu'on n'aurait jamais osé prévoir; chaque jour il
s'étend davantage, et les nécessités de l'échange font que les systèmes monétaires des divers pays sont constamment en contact
les uns avec les autres. Quand l'or et l'argent circulent dans une

contrée et qu'on peut à volonté y faire transformer ces métaux en monnaie, le commerce international rencontre dans cette contrée toutes les facilités désirables. A-t-on acheté plus que l'on n'a vendu, c'est-à-dire, toute balance faite, un solde reste-t-il à payer? on importe à son gré des lingots d'or ou d'argent; c'est avec eux qu'on se libère. Ces facilités ne sont déjà plus les mêmes, si la nation avec laquelle on commerce n'admet que l'étalon d'or ou l'étalon d'argent; dans ce cas, c'est exclusivement avec le métal qui sert d'étalon qu'on est obligé de payer. Elles sont complètement supprimées quand c'est un pays à étalon d'or, par exemple, qui commerce avec un pays à étalon d'argent. Impossible alors de s'arranger directement, et de liquider les affaires commerciales *de plano*.

Un négociant ne peut accepter en payement un métal qui n'est pas monnayable chez lui. Si, par exemple, on possède de l'argent et qu'il faille verser ce qu'on doit en or, on est forcé de changer son argent pour de l'or; en dehors des obstacles que peut rencontrer cette opération, elle exige naturellement des frais plus ou moins importants, qui viennent diminuer d'autant les avantages des transactions qu'on a faites.

Mais un des deux métaux qui entraient dans la circulation monétaire de tous les peuples, vient-il, comme aujourd'hui l'argent, à n'être plus admis que chez quelques-uns? Non seulement il n'existe plus alors de facilités commerciales, mais les difficultés sont sans nombre. L'argent n'est plus qu'une marchandise, dont la valeur, pour cette raison, est dépourvue de toute fixité. On croyait avoir fait une excellente affaire commerciale, on avait calculé que l'argent qu'il y aurait à donner ou à recevoir vaudrait tant; mais survient une hausse ou une baisse subite qui renverse les conditions du marché que l'on avait passé. On pensait réaliser un bénéfice, c'est par une perte que se solde l'opération.

L'exemple de l'Inde est là pour démontrer de quelle façon onéreuse peuvent se régler les comptes entre les pays à étalon d'or et les pays à étalon d'argent. Il est clair que, puisque le gouvernement indien perd 20 p. 100 pour se procurer les 375 millions de francs d'or qu'il verse chaque année à Londres, les négociants qui trafiquent entre ces deux pays et qui ont à changer de l'argent contre de l'or, ne sont pas plus privilégiés. La perte pour eux doit être, sinon supérieure, au moins égale. Qu'on juge par là des perturbations dont le commerce est redevable à la dépréciation de l'argent.

M. Balfour avait donc pleinement raison, lorsqu'en 1879, dans une conférence tenue à Londres pour la « Codification des lois des nations », il prononçait ces paroles, reproduites par M. Cernuschi : « En commerçant avec les pays à monnaie d'argent, il est actuellement impossible de calculer les prix auxquels il faudrait vendre les produits anglais. » Comme les pays où l'on est susceptible de recevoir de l'argent en échange des marchandises sont nombreux, qu'ils comprennent toute l'Union latine : la France, la Belgique, la Suisse, l'Espagne, l'Italie, la Grèce et la Roumanie ; la Russie, l'Autriche, l'Inde, la Chine, le Mexique et plusieurs États de l'Amérique du Sud, il est facile de se rendre compte qu'à un certain moment, pour les pays à étalon d'or, le commerce avec ces peuples serait forcément entravé. Que la situation monétaire actuelle reste ce qu'elle est, que l'argent continue à n'avoir plus qu'une valeur commerciale, et le commerce international sera fatalement ralenti, il pourrait même disparaître avec beaucoup de contrées. Comme il n'est pas possible d'accepter la monnaie d'argent, il faudrait revenir au troc et, contre des marchandises, recevoir des marchandises. Ce serait une reculade de cinq cents ans ; ce serait l'application au monde civilisé de ce que nos comptoirs font chaque jour sur les côtes d'Afrique.

Le système monétaire d'une contrée est donc beaucoup plus lié qu'on ne le croyait autrefois au reste du monde : il dépend effectivement de ce système de faciliter ou d'empêcher tout commerce avec l'extérieur. Aussi peut-on dire, des systèmes monétaires, que ceux entre lesquels les points d'entente sont possibles, équivalent pour les peuples à de larges canaux, à des voies de communication rapides, qui permettent d'aller aisément les uns chez les autres, sans le moindre obstacle. Tout au contraire, les systèmes sans raccordement mutuel, ou ne présentant que des raccordements difficiles, ne sauraient mieux se comparer qu'à des solutions de continuité, qu'il faut traverser au prix de peines et d'aléas également préjudiciables pour tous.

La gêne et les pertes que nous voyons éprouver au commerce international, par le fait de la dépréciation de l'argent, ne parviennent pas directement à la connaissance du gros public; elles n'atteignent immédiatement que les banquiers, les armateurs, les grandes maisons d'exportation, lesquelles font payer les frais au consommateur, sans prendre la peine de donner d'explications. Mais si les choses persistent encore quelques années, on devra s'attendre à des réclamations bruyantes de la part des particuliers qui possèdent des valeurs étrangères, et qui, par conséquent, ont chaque année des payements à recevoir du dehors. Au point de vue économique, et indépendamment des relations purement commerciales, il y a aujourd'hui un commencement de fusion entre la plupart des peuples. Voilà quarante ans, les rentes d'un État, les actions et les obligations de ses sociétés financières ou industrielles, toutes ses valeurs mobilières, en un mot, n'avaient généralement pour détenteurs que les habitants du pays. Maintenant, qu'on aille en Angleterre, en Allemagne, en Russie, aux États-Unis, dans l'Inde même, — qui a souscrit pour plusieurs centaines de millions, en 1872, à notre emprunt national des trois milliards, — en Hollande, en Italie, etc., etc., on y trouvera de nos valeurs mobilières, de même que beaucoup de valeurs mobilières des pays étrangers se placent chez nous. Faisons, pour un instant, cette hypothèse des États-Unis, par exemple, se mettant à payer, avec des dollars d'argent, les intérêts qu'ils versent chaque année à leurs prêteurs européens, et dont le payement n'est pas stipulé en or. Pour les détenteurs de *bonds,* le dollar, qui acquitterait les États-Unis à leur égard, ne serait qu'un lingot d'argent, n'ayant dans leur pays aucune valeur monétaire, ne pouvant y être vendu que comme marchandise, et sur lequel, d'après les cours, ils perdraient 10, 15, 20 p. 100, sinon plus. Les résultats seraient évidemment semblables, dans la supposition où la France et les autres confédérés de l'Union monétaire prendraient une mesure analogue vis-à-vis de leurs créanciers étrangers. Qu'on n'aille pas dire que cette hypothèse ne saurait se réaliser. Quand la France et les États de l'Union seront entièrement dépouillés de leur circulation d'or, — ce qu'il faut prévoir, car elle est déjà considérablement diminuée,— il tombe sous le sens que ces pays n'iront pas acheter de l'or pour payer leurs créanciers d'au delà les frontières. Ils les payeront, comme ils en ont strictement le droit, avec leurs pièces de 5 francs d'argent. On peut supputer le contre-coup qu'une pareille mesure exercerait sur les fortunes privées, et cependant elle découle, d'une façon inéluctable, de la situation présente. C'est à peine une question de quelques années.

Au surplus, ce que nous montrons à l'état de simple menace du côté de l'Union monétaire et des États-Unis, est déjà ressenti de la part d'autres pays. Ainsi, d'après des calculs de M. de Laveleye qui reposent sur des documents officiels, l'Allemagne. dont beaucoup d'habitants ont des valeurs russes et autrichiennes, perd en bloc plus de 12 millions par an. attendu que le revenu de ces valeurs n'est payé qu'en argent et qu'il faut subir les frais de la conversion en or. Si la perte est de 12 millions pour l'Allemagne, de combien ne doit-elle pas être pour l'Angleterre, la France et la Belgique. où les valeurs autrichiennes et russes ont eu un placement plus important! Et à quelle somme ne s'élèverait-elle pas pour les étrangers, le jour où toute la Confédération monétaire, dont la masse de valeurs mobilières est considérable, venant à manquer de monnaie d'or, serait obligée d'en payer le revenu en argent?

II

Après ce qui précède, il ne nous paraît pas nécessaire d'entrer dans de plus amples détails sur les effets de la crise monétaire. Personne ne peut douter qu'elle ne s'étende à tous les pays, et il est évident que si l'on n'y prend pas garde. les résultats internationaux obtenus sur le terrain économique pourraient, avant une dizaine d'années. être complètement anéantis.

Les réformes qu'on demandait à la Conférence monétaire

de 1867 avaient plutôt en vue la circulation des personnes que celle des produits.

On désirait surtout dispenser le voyageur qui passait d'un pays dans un autre, d'avoir à payer tribut aux changeurs ; c'est pourquoi l'on se donna tant de mal pour l'adoption d'une pièce de vingt-cinq francs d'or, qui aurait eu cours dans tout le monde civilisé.

À cette époque, le commerce international, qui se règle d'ordinaire par lingots, fonctionnait à merveille, sans être sérieusement incommodé par la diversité des systèmes monétaires. Les contrées à étalon d'or recevaient sans difficulté de l'argent ; il en était de même pour l'or, de celles qui avaient l'étalon d'argent : les unes et les autres avaient, en effet, le moyen, quand elles le voulaient, d'écouler en France ou dans les autres parties de l'Union, les lingots qu'on ne monnayait pas chez elles; cette certitude avait pour résultat de donner aux lingots d'argent une véritable valeur monétaire, même dans les pays à étalon unique d'or.

Si la condition des voyageurs n'a pas varié depuis 1867, on constate en revanche que celle des produits s'est modifiée du tout au tout. Aujourd'hui, depuis la loi allemande de 1871 et les décisions de l'Union latine relativement à l'argent, le commerce de peuple à peuple se heurte à des difficultés qu'il ne connaissait pas auparavant; le crédit international, jusqu'alors aisé, menace de devenir impossible, et les lingots monétaires, qui simplifiaient et facilitaient les échanges, les compliquent maintenant. Ils servent bien toujours à liquider les opérations commerciales ou à payer une dette; mais aussitôt après, il faut procéder avec eux comme avec toute autre marchandise : l'opération que l'on croyait terminée n'a été en réalité que commencée; il faut la poursuivre jusqu'à ce qu'on se procure un métal que l'on puisse emporter et faire monnayer chez soi.

Devant un pareil état de choses, on se l'explique sans peine, pas un homme compétent, pas un esprit ayant quelque souci ou quelque connaissance des grands intérêts commerciaux des peuples, qui ne sente vivement la nécessité de mettre un terme à la crise, et qui ne souhaite une solution. Aux yeux de tous, cependant, cette solution ne saurait être un expédient destiné simplement à faire face aux circonstances actuelles ; elle doit être définitive, il faut qu'elle soit assez scientifique, conçue dans un esprit assez large et assez élevé, pour empêcher désormais toutes les crises monétaires qui pourraient surgir à l'avenir.

Or, de quelque côté qu'on la cherche, cette solution réelle, définitive, vraiment efficace, ne peut reposer que sur une convention monétaire ou, pour employer d'autres termes, sur une entente générale des gouvernements ; elle exige, en effet, que tous les systèmes monétaires particuliers soient réunis comme en un vaste syndicat, de façon que chacun, sans perdre pour cela son autonomie, puisse se prêter aux nécessités du commerce international et du crédit extérieur, sans être jamais une entrave ou un sujet de trouble pour les autres.

Une semblable convention est possible ; il n'est pas permis d'en douter. Il suffit seulement d'aborder la question avec bonne foi, sans amour-propre national, sans faux préjugés scientifiques, sans parti pris regrettable, pour arriver à s'entendre. L'empressement avec lequel les gouvernements ont accepté de se faire représenter à la Conférence, est déjà l'indice d'une bonne volonté ; c'est un acheminement. L'Angleterre, il est vrai, se montre réfractaire ; mais on aurait tort de trop s'en inquiéter. L'Angleterre n'a jamais été à la tête d'une œuvre internationale ; elle n'en finit pas moins toujours par y coopérer, lorsqu'elle y voit son intérêt.

D'ailleurs, dans cette question monétaire, alors qu'on ne recule pas devant de continuels sacrifices budgétaires pour faciliter entre les pays la transmission des lettres et des télégrammes ; alors que de toutes parts on réclame constamment l'abaissement des barrières que les douanes mettent à l'échange international, on ne saurait, sur des prétextes futiles ou des raisons inadmissibles, s'opposer à une convention qui est le corollaire obligatoire de tout ce qui s'est fait jusqu'ici pour rapprocher les peuples au point de vue économique.

Nous sommes loin de partager l'opinion décourageante de M. Leroy-Beaulieu sur l'issue de la prochaine Conférence. « Dans notre conviction, disait le mois dernier notre illustre

confrère, cette Conférence ne peut aboutir à rien de sérieux. »
Nous trouvons M. Leroy-Beaulieu pessimiste. Que la Conférence n'arrive pas à établir l'entente générale dont nous avons
parlé et qui serait nécessaire, la chose est possible. Mais ce dont
nous sommes persuadé, c'est que, pour le moins, elle la prépa-
rera. Une question internationale de l'importance d'une convention monétaire ne se résout pas du jour au lendemain, après
la réunion d'une seule Conférence ; — nous disons une seule Conférence, car à nos yeux, celle de 1878, qui n'eut à délibérer sur
rien de précis, ne saurait compter. Il faut de longues études,
l'examen et le travail successif de plusieurs commissions inter-.
nationales. Mais ce qui ne permet pas de mettre en doute le
résultat final, c'est que tous les gouvernements sont intéressés à
faire cesser la crise présente. c'est qu'une convention monétaire en est seule capable, c'est que la nécessité en est reconnue ,
et qu'il reste seulement à se mettre d'accord sur les bases à lui
donner.

A propos de cette Conférence, nous espérons que les lecteurs français nous sauront gré d'exposer à leur intention ce
qu'on nomme, en termes génériques, la question monétaire.
Cette question est peu connue. Jusqu'ici, elle n'a guère été que
de la compétence des hommes spéciaux. Mais en la dégageant du
langage technique et de la forme quelque peu compendieuse
avec lesquels on se croit généralement obligé de présenter tout
ce qui a trait à l'économie politique, nous croyons que chacun
sera mis à même de la comprendre aisément dans son ensemble,
et dans tous ses détails, et qu'il pourra suivre aisément les travaux de la Conférence, et se faire une opinion sur la meilleure
solution qui serait à intervenir.

III

Que la question monétaire ait un caractère international,
comme aujourd'hui, ou que ses effets se fassent seulement sentir
dans l'intérieur d'un pays, son origine est toujours la même :
elle provient de circonstances nouvelles, qui font que tel sys-

tème monétaire, excellent à une époque, offre, par la suite, des lacunes, renferme des abus, nécessite des transformations, qu'on ne prévoyait pas au début.

Pour donner une idée claire des causes de différentes sortes susceptibles d'agir sur un système monétaire, nous allons faire à larges traits l'historique du nôtre, et indiquer les circonstances diverses qu'il a traversées depuis le commencement du siècle. Cet exemple vaudra mieux que toutes les expositions théoriques dans lesquelles autrement nous serions obligé d'entrer. En pénétrant dans le jeu même de notre système, en assistant aux actions et aux réactions qu'il a subies ou produites, et qui forment comme la vie propre de ces organismes qu'on nomme des institutions, le public aura une vue générale plus nette, il saura apprécier avec plus de sûreté la portée des solutions proposées.

Notre système monétaire, tel qu'il existe encore, puisque le monnayage de l'argent n'est que suspendu et pas supprimé, date de la Révolution : d'un décret de 1795 et d'une loi du 28 mars 1803.

Parmi les vœux que la première Assemblée constituante trouvait dans ses cahiers, figurait en première ligne la création d'un système uniforme de poids et de mesures, applicable à toute la France. On sait qu'alors chaque province avait son système à elle; il n'était pas rare même que ce système eût encore plusieurs variantes dans certaines localités de la circonscription. Il s'ensuivait des embarras sans nombre pour le commerce, les travaux de statistique et la bonne administration.

En même temps qu'elle nommait une commission pour rechercher le moyen de donner satisfaction sur ce point, l'Assemblée constituante dut reconnaître qu'une réforme était également nécessaire dans le système monétaire existant. La série de nos monnaies reposait, en effet, sur le principe duodécimal, et il venait d'être décidé que le système décimal serait appliqué partout. L'unité était la *livre;* il y avait des *écus de trois* et de *six* livres; chaque livre se divisait en vingt *sous,* chaque sou en *quatre liards* et chaque liard en *trois deniers;* indépendamment de la *livre* et des *écus* de *trois* et de *six* livres, qui étaient en argent, il existait deux monnaies d'or, les *louis,* l'un de *vingt-quatre* livres, l'autre de *quarante-huit.* On devine les difficultés et les longueurs que présentaient les comptes, lorsqu'il y avait des livres, des sous, des liards et des deniers, à convertir en livres et *vice versâ.* C'étaient des calculs sans fin, des additions, des multiplications, des divisions. Tout se trouvait avantageusement simplifié avec l'adoption du système décimal pour les monnaies les unes par rapport aux autres, qu'elles fussent supérieures à la livre ou formassent une de ses fractions.

A partir de 1791, le *Bulletin des lois* renferme une suite de mesures partielles destinées à mettre le système monétaire en harmonie avec le système décimal.

La livre fut d'abord divisée en cent parties, *centimes.* On abolit les deniers, les liards et les sous, pour les remplacer par des pièces de 1, de 2, de 5 et de 10 centimes. On décida ensuite que les monnaies d'or et d'argent seraient au titre de *neuf* parties de métal pur et d'*une* partie d'alliage ; on renonçait ainsi à l'alliage duodécimal en usage : *onze* parties de métal pur et *une* d'alliage. Enfin, on reconnut qu'il fallait rattacher le système monétaire à tout le système métrique en donnant à son unité un poids décimal : alors fut rendu le décret du 6 vendémiaire an II (7 octobre 1793).

D'après ce décret, le poids de l'unité principale, « tant des monnaies d'or que des monnaies d'argent », devait être la centième partie du *grave* (*grave* est le nom donné alors au poids qu'on appelle aujourd'hui le kilogramme) ; on établissait deux unités monétaires distinctes, l'une d'or, l'autre d'argent ; l'unité des monnaies d'argent devait peser *dix* grammes, poids de notre pièce actuelle de 2 francs, et porter le nom de *républicaine ;* l'unité des monnaies d'or, également de *dix* grammes, ce qui lui donnerait de nos jours une valeur de 31 francs environ, recevait le nom de *franc d'or.*

Le système monétaire de 1793 est resté à peu près inconnu de tous ceux qui se sont occupés de la question des monnaies. Mais ses dispositions générales permettent de constater jusqu'à quel point il possédait le caractère de haute science et d'absolu qui distingue toutes les conceptions de l'époque.

Ce système n'exista guère que sur le papier. Nous n'avons pas de preuves qu'on ait frappé des *républicaines* ou des *francs d'or*. La guerre intérieure et extérieure, l'émission débordante des assignats, la réglementation du prix des denrées, tout cela faisait cacher les anciennes monnaies, et contribuait peu à décider les particuliers à faire monnayer les métaux précieux qu'ils pouvaient posséder.

Deux ans à peine écoulés, deux décrets de 1795 modifient du tout au tout les dispositions de celui de 1793. Le premier, relatif aux monnaies d'or, conservait la frappe de l'or en pièces de 10 grammes, à neuf dixièmes de fin; mais ces pièces ne devaient pas avoir de nom particulier, ni spécifier une valeur; elles mentionnaient simplement leur poids. En réalité elles n'étaient que des lingots d'or d'un poids et d'un degré de pureté certifiés par l'État; on avait toute liberté de les accepter ou non en payement; le caractère véritable de monnaie, c'est-à-dire la faculté libératoire, leur était donc refusé. L'autre décret supprimait les *républicaines;* l'unité des monnaies d'argent recevait le nom de *franc*, son poids devait être de *cinq* grammes; quant aux multiples et aux sous-multiples du *franc*, ils étaient régis par le système décimal; cela signifiait que les multiples seraient l'unité multipliée par 2 ou par 5, d'où les pièces de 2 francs et de 5 francs; tandis que les sous-multiples devaient être les fractions de l'unité divisée par 2 et par 5, de là les pièces de 50 centimes et de 20 centimes. La monnaie de billon restait ce qu'elle avait été pour la livre, dont la valeur, au surplus, ne différait de celle du franc que de quelques centimes.

Nos monnaies d'argent nous viennent de 1795, celles de billon de 1792.

Si l'on compare le système monétaire de 1793 avec celui de 1795, on voit que le premier était à *double étalon*, puisqu'il comprenait deux unités distinctes, l'une d'or, l'autre d'argent; il était en outre bimétalliste, puisque, dans la circulation, il admettait sur le même pied l'or et l'argent, les deux métaux auxquels tous les peuples accordent la capacité de former la monnaie.

Dans le système monétaire de 1795, au contraire, il n'y avait qu'une seule unité, l'unité d'argent; il jouissait donc de l'étalon unique; il était en outre monométalliste, puisqu'il n'accordait la faculté libératoire qu'à la monnaie d'argent, et que, par un décret qui ne tarda pas à suivre, les estimàtions de quoi que ce fût, en monnaie, devaient se faire, sous peine d'amende, en argent, autrement dit, en francs.

Quant à l'or, aux yeux du législateur de 1795, il avait beau avoir passé par l'Hôtel des Monnaies, il n'était que du métal, qu'une marchandise, et c'est aux particuliers intéressés qu'il appartenait de déterminer sa valeur en argent. Eût-on possédé 1,000 pièces d'or de 10 grammes, soit un kilogramme d'or, si l'on avait eu à payer 100 francs d'argent, soit un demi-kilogramme d'argent, on ne pouvait pas plus s'acquitter directement avec son or, si le créancier ne consentait point à l'accepter, qu'on ne le pourrait de nos jours avec du blé, par exemple; on était forcé de changer de l'or contre 100 francs d'argent; on ne pouvait payer qu'avec de l'argent.

L'état de choses introduit par les décrets de 1795 dura sans modifications jusqu'en 1803.

A cette époque, les contributions de guerre avaient fait rentrer beaucoup d'or dans les caisses du gouvernement; il n'y avait plus d'assignats; les finances étaient rétablies et la confiance revenue : on avait déterré les anciens louis, et ils recommençaient à circuler. Les transports de numéraire d'un bout du pays à l'autre, voire même en pays étranger, quand on y faisait la guerre, étaient difficiles et coûteux; mais il tombait sous le sens qu'ils auraient été considérablement moins coûteux et difficiles si, pour la même somme, au lieu d'argent, on avait eu des monnaies d'or à transporter. On s'accorda dès lors à reconnaître l'utilité qu'il y aurait à fabriquer des pièces d'or. qui, au lieu d'une valeur commerciale et d'un usage facultatif, auraient, comme les pièces d'argent, valeur et rôle de monnaie. Pareille mesure ne pouvait rencontrer que l'approbation. Indépendamment de ce qu'elle répondait à des besoins indiscutables, elle faisait disparaître ce que le système monétaire de 1795 renfermait d'autoritaire et d'anti-économique. Du moment où deux métaux étaient admis dans la circulation monétaire de tous les pays, les principes de la science ne permettaient pas d'évincer l'un au bénéfice de l'autre; tous les deux devaient avoir place au même titre dans un système monétaire. Seuls les citoyens pouvaient avoir le droit de marquer une préférence à leur sujet, en se servant de l'un plutôt que de l'autre. Ce droit, l'État ne pouvait se l'arroger. En monnayant l'or, on substituait donc le régime de la liberté à celui de l'arbitraire économique.

Cependant, pour remanier le système monétaire de 1795, de manière à y faire entrer le monnayage de l'or, il n'y avait que deux façons de procéder : ou s'inspirer du système de 1795, ou revenir à ce qui se pratiquait avant la Révolution.

Le système de 1793, on l'a vu, comprenait deux unités, l'une d'or, l'autre d'argent, qui existaient parallèlement l'une à l'autre, sans se confondre. Adopter pour les monnaies d'or une unité d'or, comme en 1793, c'était courir le risque de troubler les habitudes des populations; chacun en effet aurait dû fixer soi-même la valeur de l'or relativement à l'argent, toutes les fois qu'il se serait agi de changer des monnaies d'or en monnaie d'argent, et *vice versâ*. Or, si l'on tient compte de l'état de défiance et d'ignorance à peu près général, il n'est pas difficile de prévoir ce qui se serait produit : personne n'aurait voulu accepter les nouvelles pièces de monnaie, sur lesquelles l'agiotage se serait donné carrière, et qui tel jour auraient valu plus, tel autre jour moins. L'amélioration que l'on se proposait d'inaugurer avec la création de monnaies d'or, au lieu de favoriser les relations commerciales, n'aurait certainement apporté qu'un nouvel embarras. On pouvait éviter cet inconvénient en autorisant le gouvernement à fixer, entre les monnaies d'or et d'argent, une valeur relative, qu'il aurait modifiée, suivant les fluctuations du prix des deux métaux, et dont la connaissance aurait été répandue dans tout le pays par les fonctionnaires de l'État. Les particuliers en auraient-ils été plus tranquilles? Nous ne le croyons pas. Les mesures anti-économiques qu'on avait dû prendre pendant la période aiguë de la Révolution, afin de faire face à des circonstances exceptionnelles, avaient laissé dans l'opinion de telles traces, que les variations, annoncées par le gouvernement, de la valeur relative des monnaies d'or et d'argent auraient été très mal reçues. On aurait accusé l'État

de faire de l'agio et de continuer les anciennes pratiques du
maximum.

Ces considérations firent abandonner les traditions du système monétaire de 1793 ; on préféra recourir à l'ancien régime,
et imiter ce qui se passait, du reste, dans tous les autres pays.

Avant la Révolution, nos monnaies d'or, les louis, n'avaient
pas une valeur propre ; elles étaient estimées en argent, ou, si
l'on aime mieux, en livres. Le législateur de 1803 résolut de
faire de même ; il vota qu'on fabriquerait deux sortes de monnaies d'or, l'une à raison de 155 pièces par kilogramme et
qui aurait la valeur de 20 *francs,* soit vingt fois 5 grammes d'argent ; l'autre, à raison de 77 1/2 par kilogramme également, et
qui vaudrait 40 *francs,* soit quarante fois 5 grammes d'argent.

Ainsi, par la loi du 28 mars 1803, l'or monnayé était évalué en
argent ; on déclarait que 5 grammes d'or valaient quinze fois et
demie 5 grammes d'argent, c'est-à-dire que le rapport monétaire
de l'or à l'argent était de 15,50. Les monnaies d'or n'avaient
donc pas de valeur propre ; elles n'avaient qu'une valeur en argent. Au fond, de par l'établissement d'un rapport monétaire
entre l'or et l'argent et l'estimation que l'on faisait des monnaies d'or en francs, l'or monnayé n'était plus qu'une sorte d'argent quinze fois et demie plus précieux que l'argent de la monnaie d'argent.

Une pareille décision était grosse de périls ; on sacrifiait par
trop au désir de faire de notre système monétaire une perfection au point de vue de la commodité. Mais avant d'insister à cet
égard, remarquons d'abord que, grâce à cette loi de 1803, le
système monétaire de 1795, de monométalliste qu'il était, devenait bimétalliste, et qu'il se conformait, en outre, aux véritables
principes de la science. Cependant, comme, à côté de l'unité
d'argent existante, on n'instituait pas une unité d'or pour les
monnaies d'or, l'unité d'étalon de 1795 était conservée. Cette
unité d'étalon présentait ce précieux avantage que les monnaies
d'or et d'argent du système ne formaient, en réalité, qu'une
seule monnaie. On n'avait pas à se préoccuper de savoir si la monnaie que l'on avait en poche était en hausse ou en baisse relativement à l'autre, ce qui serait arrivé avec le double étalon. Cet

avantage dans la pratique donnait à notre système monétaire une fixité complète, absolue : aussi ne doit-on pas s'étonner si la monnaie d'or, quoique nouvelle, entra de suite dans l'usage de la population.

Mais, en échange de cet avantage et de ces commodités, le système monétaire de 1795, complété par la loi de 1803, prêtait le flanc à des reproches sérieux; il ouvrait la porte à de graves abus qui se sont produits par la suite et qui sont cause que, depuis plus de soixante années, soit dans un sens, soit dans un autre, il y a toujours eu chez nous une question monétaire à l'ordre du jour.

Le mal ne se trouvait pas dans l'établissement par la loi d'une valeur relative de l'or et de l'argent ; il venait de ce qu'ayant établi cette valeur relative, on n'avait rien fait pour lui conserver sa fixité, et la défendre contre les perturbations qui pourraient venir du dehors.

Les recherches les plus certaines ont démontré qu'en évaluant à 15 1/2 la valeur relative de l'or et de l'argent, le législateur de 1803 n'avait pas fait une estimation erronée; son appréciation découlait de l'état le plus ordinaire du marché de ces deux métaux.

Mais avait-on la certitude que cette valeur relative aurait une durée éternelle? L'état du marché resterait-il toujours ce qu'il était en 1803? Ne se produirait-il pas des circonstances, des événements, qui feraient que l'or, au lieu de valoir exactement quinze fois et demie plus que l'argent, vaudrait ou davantage ou moins?

Il n'est pas besoin de beaucoup réfléchir pour saisir l'importance de ces questions. Si, pour une raison ou pour une autre, en effet, la proportion 15,50 venait à changer, toute l'économie de notre système monétaire était renversée. La valeur de nos pièces d'or ne s'accordait plus avec la valeur de nos pièces d'argent; leur valeur intrinsèque pouvait s'élever au-dessus ou tomber au-dessous de leur valeur nominale. Le plus grand défaut qu'on pût reprocher à notre système, c'est que ses monnaies, au lieu d'une valeur, pouvaient en avoir simultanément deux : l'une nominale, de par la loi; l'autre intrinsèque, de par le prix commercial de la quantité de métal dont elles étaient faites.

Nous savons bien qu'en 1803 on s'était posé ces questions; mais comme on se préoccupait, avant tout, des besoins immédiats, on avait passé outre, sans s'y arrêter. Elles auraient cependant mérité grande attention, attendu que des causes de l'ordre le plus contingent pouvaient, d'un moment à l'autre, transformer artificiellement la valeur relative de l'or et de l'argent, sans que, pour cela, la valeur réellement intrinsèque de ces deux métaux fût le moins du monde modifiée.

Qu'à partir de 1803, il plût, par exemple, à un gouvernement, d'opérer un changement dans son système monétaire, d'adopter le monométallisme à la place du bimétallisme qu'il avait eu jusque-là, ou de toucher à la valeur relative que son système monétaire avait toujours attribuée à la monnaie d'or et à la monnaie d'argent, il n'en fallait pas davantage; l'état du marché, qui avait servi à déterminer le rapport 15,50, éprouvait de suite un déplacement. Certes, ce déplacement, on le voit, ne reposait nullement sur une variation réelle de la valeur relative de l'or et de l'argent; mais il n'en avait pas moins pour conséquence de faire que 5 grammes d'or cessaient de valoir quinze fois et demie 5 grammes d'argent, ainsi que le voulait la loi, et qu'ils valaient ou plus ou moins que la proportion fixée.

Il n'est pas nécessaire de dire ce qui advenait forcément de nos monnaies en une circonstance semblable : elles devenaient une matière à spéculation et à agio. D'après les conditions nouvelles du marché, 5 grammes d'or valaient-ils plus que quinze fois et demie 5 grammes d'argent, ou 15 fr. 50 c.? L'intérêt excitait les spéculateurs : ils recueillaient notre monnaie d'or pour la transporter dans les contrées où elle faisait prime, et rapportaient, en échange, des lingots d'argent qu'ils faisaient monnayer. Étaient-ce, au contraire, 5 grammes d'or qui valaient moins que 15 fr. 50 c.? La monnaie d'argent faisant prime, le jeu alors était inverse, c'est l'argent qu'on exportait et c'est l'or qu'on faisait entrer.

Ainsi, non seulement le rapport légal pouvait nous donner des monnaies défectueuses, non seulement il pouvait faire de

notre circulation métallique un champ de profits pour les spéculateurs, mais la monnaie qui avait une plus-value nous étant
constamment enlevée, nous nous trouvions n'avoir en fait, dans
notre circulation, que les monnaies d'un seul métal, comme si
notre système monétaire, au lieu de bimétalliste, eût été monométalliste.

Sans doute on pouvait parer aux conséquences d'un changement dans le rapport monétaire, par une refonte qui aurait ré-
tabli l'équilibre en donnant à nos monnaies une nouvelle valeur
relative; mais la chose était peu praticable. Refondre une masse
de monnaies qui pouvait s'élever à plusieurs milliards de francs
est une très grosse affaire; qu'on juge, s'il avait fallu la répéter
à chaque variation de la valeur relative. Puis, lorsqu'il aurait
fallu augmenter le poids d'une des monnaies afin de la mettre
en rapport avec l'autre, la dépense aurait été considérable pour
le Trésor.

On voit que, si l'établissement d'un rapport fixe entre la valeur
de l'or et celle de l'argent rendait l'usage de nos monnaies ou ne
peut plus commode, cet avantage était largement compensé par
les inconvénients. Ou bien, à chaque variation dans le rapport
fixe, il fallait établir un nouveau rapport, d'après lequel toutes
les anciennes monnaies d'un métal devaient être monnayées à
nouveau, et alors quels frais et quelles dépenses! Ou bien, on
gardait le rapport fixé en 1803, sans prendre souci des variations,
et alors on avait des monnaies dont la valeur intrinsèque ne
s'accordait pas avec la valeur nominale; toutes les monnaies
frappées dans le métal qui faisait prime nous étaient enlevées;
il ne restait par le fait, dans la circulation, que le métal sur
lequel la spéculation ne pouvait rien gagner.

IV

Les détails historiques dans lesquels nous sommes entré
plus haut, au sujet de notre système monétaire, n'ont pu qu'être
utiles. Grâce à eux on sait maintenant ce qu'il faut entendre par
étalon unique et double étalon, ce qu'on appelle un système mo-

nétaire bimétalliste ou monométalliste, ce qu'est un rapport légal pour la valeur relative de l'or et de l'argent. D'autre part. en ayant sous les yeux un système monétaire complet, avec tous ses rouages et leur engrenage, nos lecteurs pourront se rendre plus facilement compte de ce qu'est le fonctionnement d'une institution semblable, il leur devient plus aisé de comprendre tout le jeu de la monnaie et son action internationale.

Voyons à présent notre système monétaire à l'œuvre; recherchons si les inconvénients qui pouvaient découler, en théorie, de l'établissement d'un rapport légal fixe entre la valeur relative de l'or et de l'argent se sont produits, depuis 1803 jusqu'à nos jours. Mais tâchons surtout de bien nous définir les causes, directes ou indirectes, qui ont pu affecter cette valeur relative.

De 1803 à 1849, la production de l'or et de l'argent reste sensiblement la même qu'auparavant. L'or, en raison de sa plus grande rareté, continue à ne composer qu'une partie minime de la circulation métallique de la plupart des pays ; le commerce international étant peu développé, il n'y avait lieu qu'à des transports peu importants de numéraire au dehors. En somme, pendant cette période de quarante-six ans, rien de normal ne montre qu'il aurait dû se produire une variation quelconque dans la valeur relative de l'or et de l'argent, établie en 1803.

De 1803 à 1849, cependant, trois changements importants s'opèrent dans l'état du marché de l'or et de l'argent, c'est-à-dire dans l'ensemble des systèmes monétaires, où ces deux métaux ont, pour ainsi parler, leur unique débouché. Ces changements proviennent tous de la convenance de trois gouvernements, et comme ils ont eu pour résultat de modifier la valeur relative de 1803, on doit reconnaître que, si en 1803 une entente internationale avait été possible, cette valeur n'aurait pas éprouvé la moindre oscillation.

En 1816, l'Angleterre décide d'adopter le monométallisme avec l'étalon unique d'or. Alors, l'Angleterre était réduite au régime du papier-monnaie, sa circulation métallique était nulle ; il est évident qu'en accordant à l'or le monopole d'entrer dans sa monnaie, elle en augmentait la demande ; elle créait par cela même une sorte de prime en sa faveur ; elle diminuait par contre les débouchés de l'argent; quand un pays bimétalliste avait des payements à effectuer dans le Royaume-Uni, c'était sa monnaie d'or qu'il devait retirer de la circulation pour s'acquitter; sa monnaie d'argent n'aurait pu lui servir.

Dans la même année, la Hollande porta sa valeur relative de l'or et de l'argent à 15,873, c'est-à-dire que chez elle 5 grammes d'or, au lieu de valoir 15 fr. 50 c. comme chez nous, y valaient 15 fr. 87 c., soit une prime de 2 fr. 42 c. p. 100 en faveur de l'or. L'or de notre système monétaire offrait donc un avantage aux spéculateurs qui auraient voulu le retirer de la circulation pour l'aller vendre en Hollande. D'autre part, un banquier détenteur de lingots d'or réalisait un bénéfice de 2 fr. 42 c. p. 100 à le faire monnayer en Hollande, au lieu de le porter à l'Hôtel des Monnaies de Paris.

Le troisième changement arriva en 1834, du fait des États-Unis. De 1792 à 1834, le rapport monétaire de l'or et de l'argent dans la République américaine avait été de 15 francs, c'est-à-dire que 5 grammes d'or de l'autre côté de l'Océan valaient quinze fois 5 grammes d'argent ou 15 fr., tandis que chez nous ils valaient 15 fr. 50 c. et en Hollande 15 fr. 87 c. La prime était donc en France de 3 fr. 25 c. p. 100 pour l'or américain, et de 5 fr. 67 c. p. 100 en Hollande. Aussi la spéculation drainait-elle toute la monnaie d'or des États-Unis, pour la transporter en Europe. Mais, à partir de 1834, le courant qui nous apportait l'or d'Amérique est interverti par une mesure du Congrès.

Ce dernier, ayant reconnu que l'exportation des monnaies d'or américaines provenait de la faiblesse du rapport monétaire, l'éleva d'un seul coup de 15 à 16; 5 grammes d'or ne valaient plus dès lors quinze fois, mais seize fois 5 grammes d'argent, soit 2 grammes 1/2 d'argent de plus que chez nous. Aussi, tout change; ce n'est plus l'or, c'est l'argent qui nous vient de là-bas, puisqu'il était assuré de trouver relativement à l'or un bénéfice de 3 p. 100 en France et de 2 fr. 42 c. p. 100 à Amsterdam.

L'or de France et celui de Hollande, par contre, donnent une prime, le premier de 3 p. 100 et le second de 2 fr. 42 c., à tous les spéculateurs qui les transportent aux États-Unis.

Supposons, par exemple, un spéculateur qui recueille en

France un million de notre monnaie d'or ; il est assuré d'en retirer en Amérique une prime de 20 à 30 mille francs, et si, avec le même million, il rapporte de l'argent américain en France, cet argent, faisant également chez nous une prime de 3 p. 100, le bénéfice est encore de 20 à 30 mille francs. C'était donc, pour l'opération totale et en tenant compte des frais, un profit de 40,000 francs environ.

Ces changements, on en conviendra, avaient pour unique cause le *sic volo, sic jubeo* de trois gouvernements.

Les conséquences n'en furent pas moins décisives ; elles modifièrent la valeur relative de l'or et de l'argent. La spéculation opéra chez nous sur une telle échelle, que notre circulation fut presque entièrement dépouillée de sa monnaie d'or. On doit se souvenir qu'il y a quarante ans, les pièces d'or en France étaient presque une curiosité, et qu'en province, les bijoutiers les achetaient avec une prime de 40 à 60 c. par pièce de 20 francs.

Ainsi, après 1816, par suite de causes absolument factices, mais qui n'en avaient pas moins souverainement affecté l'état du marché de l'or et de l'argent, notre rapport monétaire de 1803 n'était plus exact : 5 grammes d'or valaient plus que 15 fr. 50 c. Aussi, la spéculation nous avait-elle pris notre monnaie d'or, et fait monnayer à sa place du métal argent.

Mais, à partir de 1849 et 1850, une révolution en sens contraire se produit. L'exploitation des mines d'or de la Californie et de l'Australie jette chaque année, dans la circulation monétaire du monde, des quantités considérables d'or. Au commencement, plusieurs gouvernements prirent peur. La Belgique et la Hollande, qui étaient bimétallistes, se firent monométallistes et n'admirent plus comme monnaie que l'argent ; les États du Zollverein adoptèrent également l'étalon unique d'argent. L'écoulement de l'or, et cela à un moment où ce métal devenait de plus en plus abondant, se trouva donc par cela restreint ; celui de l'argent en revanche augmentait, d'autant plus qu'à cette époque, et les années suivantes, le commerce de l'Europe avec l'extrême Orient, en Chine et aux Indes, acquit tout à coup la plus grande extension ; or l'on sait que dans ces pays la monnaie d'argent est seule acceptée.

Impossible de payer en or des marchandises de provenance belge, hollandaise, allemande, indienne ou chinoise ; il fallait de l'argent. L'argent dès lors fait prime à son tour ; la production des mines d'argent, qui vint inopinément à se ralentir, rendait encore plus sensible la rareté de ce métal. La spéculation qui, depuis 1816, travaillait sur notre monnaie d'or, se tourna alors vers notre monnaie d'argent. En moins de douze années, notre circulation métallique, presque exclusivement composée de monnaie d'argent, s'en voit dépouillée et se remplit presque entièrement d'or ; on dut remplacer nos pièces de 5 francs d'argent, qu'on emportait à l'étranger, par des pièces de 5 francs en or. Il fut même nécessaire de protéger, contre une exportation systématique, nos pièces de 1 franc, 2 francs, 50 centimes. Le moyen employé fut d'en abaisser le titre, de façon à supprimer le bénéfice que la spéculation trouvait à les retirer de la circulation pour les vendre au dehors. Depuis 1795, on frappait ces monnaies à 9/10e de fin ; on ne les frappa plus qu'à 8,35/10e. Cette diminution de 65 millièmes ne laissait plus à notre pièce de 1 franc qu'une valeur de 93 centimes, de 1 fr. 86 c. à la pièce de 2 francs, de 46 centimes 1/2 à la pièce de 50 centimes, soit une diminution de 7 p. 100. Sous l'ardeur des spéculateurs la pièce de 5 francs d'argent devint presque aussi rare que notre monnaie d'or avant 1849 ; on ne la retrouvait plus qu'au fond des départements. Dans les dernières années de l'Empire, en 1866, les trésoriers payeurs généraux, consultés sur la somme de pièces de 5 francs d'argent qui circulaient dans le pays, l'estimèrent à 700 millions environ, soit tout au plus 850 millions, en comptant ce que l'État, la Banque de France et les Sociétés de crédit pouvaient avoir en caisse. Ainsi, de 1852 à 1865, date de cette enquête, plus des trois quarts de notre circulation argent, qui était alors d'au moins 4 milliards, nous avaient été enlevés.

La fabrication de nos Hôtels des Monnaies corrobore avec la dernière exactitude tous les détails qui précèdent. De 1816 à 1851, pendant les trente-cinq années où notre rapport monétaire (15,50) donne à l'or une valeur inférieure à celle que les autres systèmes monétaires lui accordaient, et où, par conséquent l'argent gagnait à venir se faire monnayer chez nous, on frappe en France 3 milliards 455 millions de monnaies d'argent, contre 674 millions de monnaies d'or; encore faut-il tenir compte que la plupart des pièces d'or fabriquées sous le règne de Louis-Philippe provenaient de la refonte de pièces d'or de Napoléon Ier et de la Restauration.

De 1851 à 1869, c'est-à-dire pendant les dix-huit années où notre rapport est défavorable à la valeur de l'argent au dehors, et où c'est l'or qui est attiré chez nous, la somme de monnaies d'or que nous frappons s'élève à 6 milliards 380 millions, tandis que celle des monnaies d'argent n'atteint que 590 millions ; et dans ce chiffre on comprend le monnayage nouveau, au titre de 835 millièmes, de nos pièces de 1 franc, 2 francs et 50 centimes.

Il était permis d'augurer qu'après 1870 la prime de l'argent se serait maintenue.

On n'apercevait effectivement aucune raison pour que l'oscillation, qui s'était produite de la plus-value de l'or à la plus-value de l'argent, vînt à changer. Il y avait bien un ralentissement dans le rendement des mines d'or, tandis que celui des mines d'argent augmentait. Mais, dans ces dernières, l'accroissement n'était pas assez grand pour effacer, avant un certain nombre d'années, la prime existante; à peine, même avec l'agitation provoquée par les spéculateurs, aurait-il pu la réduire de deux ou trois dixièmes. C'est alors qu'intervient l'action des gouvernements ; et, en moins de trois années, un soubresaut considérable se produit.

Ainsi que nous l'avons vu en commençant, l'Allemagne, qui jouissait du monométallisme-argent, l'abolit en 1871, et lui substitue le monométallisme-or ; c'était un débouché monétaire de 42 millions d'âmes que l'argent perdait au cœur de l'Europe. A moins de dix-huit mois de là, en 1873, les États-Unis, qui étaient bimétallistes, prennent une décision analogue. L'argent perdait encore de ce chef le débouché d'un riche pays de 50 millions d'habitants. En 1875, la Hollande, qui avait l'étalon unique d'argent, les imite et prend l'étalon unique d'or.

Il en avait fallu beaucoup moins, de 1816 à 1849, pour amener la plus-value de l'or sur l'argent.

Après ces lois monétaires des États-Unis, de l'Allemagne et

de la Hollande, il ne restait pour ainsi dire plus d'écoulement à l'argent que dans les pays de l'Union monétaire et dans ceux de l'extrême Orient, puisque en Russie et en Autriche la circulation monétaire est à peu près exclusivement composée de papier. Aussi, au milieu de tous les peuples civilisés, la France, la Belgique, la Suisse, l'Italie, la Grèce et l'Espagne, avec leur système bimétalliste, étaient comme bloqués. Avaient-ils la balance du commerce en leur faveur ou, pour une cause quelconque, un payement à recevoir du dehors? On avait le droit de les payer à volonté, en or ou en argent. Cette balance au contraire leur était-elle défavorable? Ils ne pouvaient payer qu'en or. D'autre part, la frappe de l'argent chez eux était libre : on pouvait venir d'Angleterre, d'Amérique, de Hollande, d'Allemagne, etc., faire transformer en monnaies, des pays de l'Union, tous les lingots d'argent qu'on aurait possédés, et en échange de cette monnaie retirer une somme correspondante de monnaies d'or en circulation. La situation, on le remarque, était pleine de gravité.

Dans cette circonstance, les pays de l'Union montreraient-ils la même insouciance que la France, de 1816 à 1849, quand sa monnaie d'or était drainée par la spéculation et envoyée au dehors? Pareille chose n'était plus possible. De 1816 à 1849, un seul pays, l'Angleterre, avait l'étalon unique d'or; chez les autres, existait ou le monométallisme-argent, ou le bimétallisme sur le modèle français. Quand bien même, donc, on n'aurait eu dans la circulation que de la monnaie d'argent, les relations internationales n'en étaient nullement affectées; on n'était pas isolé dans le monde. Aujourd'hui au contraire, lorsque les autres pays n'admettent que la monnaie d'or, ne posséder que de la monnaie d'argent serait se trouver dans une condition inférieure à leur égard ; ce serait, en cas de solde à leur payer pour le commerce international, avoir à supporter, à soi seul, les lourds sacrifices du change de l'argent en or.

En suspendant le monnayage de l'argent, les États de l'Union monétaire ont donc agi sagement. Non seulement ils empêchaient par cette mesure qu'on ne s'emparât de leur numéraire or, en y substituant de la monnaie d'argent que l'on aurait fait frapper;

mais ils obligeaient l'étranger qui avait des payements à nous faire, à les effectuer en or.

Quelles que soient les conséquences internationales qu'elle a pu produire, on ne dira pas que la suspension du monnayage de l'argent, dans les pays de l'Union, ait été inopportune. On pourrait plutôt lui reprocher d'avoir été tardive. Sans doute nous avons eu l'indemnité de guerre à payer; mais, comme l'étranger avait souscrit lui-même pour de grosses sommes à nos emprunts, on ne peut accuser que la spéculation de la diminution présente de notre monnaie d'or. Autant nos pièces de 5 francs d'argent étaient rares, il y a une quinzaine d'années, autant aujourd'hui elles sont communes; c'est par exception que l'on rencontre encore quelques pièces de 5 francs d'or dans la circulation. Si l'on devait en croire plusieurs renseignements autorisés, il nous resterait à peine 1.600 millions des 6 milliards 380 millions de monnaies d'or frappées sous l'Empire, et du milliard environ qu'on a fabriqué depuis.

Le système monétaire de la France et des autres contrées de l'Union monétaire est actuellement sous l'influence de la suspension du monnayage de l'argent.

Après avoir fait jusqu'ici l'historique de notre système monétaire, il est bon d'examiner, en quelques lignes, les effets produits par cette mesure, au point de vue de sa constitution.

La suspension du monnayage de l'argent a beau n'être que provisoire dans les intentions de l'Union, elle n'en porte pas moins, au système monétaire de 1795-1803, une atteinte irrémédiable que nous sommes obligé de constater. Elle établit d'abord en fait le monométallisme-or, puisqu'il n'y a plus que l'or qu'on puisse faire monnayer en toute liberté. Mais comme le monopole de la faculté libératoire, c'est-à-dire la faculté d'entrer pour toute somme dans les payements, n'a pas été accordé aux monnaies d'or, on n'aurait pas le droit de dire que notre monométallisme-or soit complet; cette faculté libératoire en effet a été maintenue à toutes les pièces de 5 francs d'argent, fabriquées antérieurement à la suspension du monnayage.

Le système monétaire dont nous jouissons aujourd'hui ne présente pas cette seule anomalie. Une autre non moins con-

sidérable, c'est que tout monométalliste-or qu'il soit, il reste
institué sur la base de la monnaie d'argent, puisque son unité
continue à être le *franc*, soit 5 grammes d'argent ; quant à sa monnaie d'or, elle est dépourvue de toute valeur propre ; elle est
estimée en argent, précisément avec le métal qu'on n'a plus le
droit de faire monnayer.

Si, maintenant, on envisage le système au point de vue du
système métrique, on doit constater qu'il est sans point de contact avec lui. Les pièces d'or sont-elles à une taille décimale,
par rapport au kilogramme ? Nullement : les pièces de 20 francs
sont à la taille de 155, celles de 40 francs, à la taille de 77 1/2 ;
et non seulement ces pièces n'ont pas un poids décimal, mais
leur poids est accompagné d'une fraction irréductible : le poids de
la pièce de 20 francs est de 6 gr. 45161... ; celui de la pièce de
10 francs, de 3 gr. 225803... ; celui de la pièce de 40 francs, de
12 gr. 90322... En sorte que, s'il s'agit de lingots d'or où il y ait
des fractions de kilogramme, il est impossible de dire exactement ce qu'ils valent en monnaie d'or ; on se heurte toujours à
une fraction.

En résumé, on voit que nous n'avons plus, à proprement
parler, de système monétaire. Celui qui reste en usage est contraire à tous les principes. Pour le système monétaire de la Révolution, que nous avons suivi dans toutes ses péripéties depuis
sa création, on peut le regarder comme ayant cessé d'exister,
à moins que des garanties internationales ne permettent de le
remettre en vigueur. Car il est bon d'observer que toutes les perturbations monétaires qui ont affecté la circulation du monde,
et que le système français, comme un baromètre d'un genre particulier, nous a permis de suivre et de constater, auraient pu
être évitées.

Si, en 1803, le gouvernement de la France s'était entendu
avec tous les autres, pour faire accepter non seulement le bimétallisme qui était en usage partout, mais le rapport monétaire
d'alors, aucun trouble ne se serait produit, ni chez nous, ni
ailleurs ; on n'aurait eu aucune raison de nous enlever notre
monnaie d'or de 1816 à 1849, et, de 1851 à 1869 notre monnaie
d'argent ; la spéculation, entre toutes stérile, qui porte sur les

métaux monétaires, n'aurait jamais eu occasion de s'exercer ;
les gênes et les embarras qui résultent des différences de la valeur relative de ces deux métaux, ou du monopole de circulation
accordé à l'un au préjudice de l'autre, auraient été inconnus du
commerce et des exportateurs.

V

De ce que nous venons de mettre exclusivement en évidence
les défauts du système monétaire français, il ne faudrait pas
conclure qu'il a été plus particulièrement défectueux ; on se
tromperait.

Les autres n'ont rien à lui envier à cet égard. Si la chose
en valait la peine, il serait facile de faire voir, au contraire, qu'il
s'est le plus rapproché de la perfection. La meilleure preuve,
c'est que, depuis 1803, il n'a subi qu'une réforme, celle de 1876,
la suspension du monnayage de l'argent ; tandis que les autres,
pendant la même période, ont dû être remaniés deux et trois fois.
On aurait tort de nous objecter l'exemple de l'Angleterre, car le
système anglais n'a obtenu sa fixité qu'en violation des lois
économiques, à la faveur de circonstances particulières qui auraient très bien pu ne pas se présenter et dont on ne saurait en
tous cas garantir la durée.

Mais, nous l'avons dit plus haut, il nous fallait un exemple
pour placer sous les yeux de nos lecteurs le mécanisme entier
d'un système monétaire, et montrer comment fonctionne une
institution de ce genre. D'autre part, en face de la réunion de
la Conférence internationale, il nous semblait d'une grande importance de prouver que les variations de la valeur relative des
métaux monétaires ont eu leur origine, depuis le commencement du siècle, non dans la nature des choses, non dans les
lois économiques, mais simplement dans le bon plaisir et la
convenance des gouvernements. Nous avions donc besoin de
prendre pour exemple un système monétaire sur lequel toutes
ces variations, et leurs causes, pussent se répercuter avec le
plus de netteté.

Si nous avons choisi le système français, c'est d'abord parce

que nous nous adressions aux lecteurs de notre pays ; mais c'est
surtout parce que, dans sa forme vraiment scientifique, notre
système était le plus propre à la démonstration multiple que
nous nous proposions.

Il ne faudrait pas croire cependant que les pertes éprouvées
du fait de notre système monétaire ont été exclusivement à la
charge de la France. On commettrait une nouvelle erreur. Ces
pertes ont été partagées entre l'étranger et nous, et. sur ce
point, nous avons peut-être été les moins atteints.

Si, de 1816 à 1849, tout notre or s'écoule à l'extérieur, qui
y perd ? La France évidemment, puisqu'on lui prend son or à un
prix inférieur à celui qu'il possède. Mais croit-on que l'étranger
à qui on envoie cet or, le reçoit à son prix d'achat chez nous ?
Pas du tout ; il le paye au taux de la spéculation. Si. de 1852
à 1869, la France est dépouillée de sa monnaie d'argent, nous y
perdons sans doute la plus-value qu'elle avait acquise. Mais les
pays dans lesquels l'expédient les spéculateurs ne la payent pas
un centime de moins de son prix réel. commercial. La hausse
de l'argent relativement à notre rapport monétaire est-elle. par
exemple, de 3 p. 100? 100 francs d'argent sont payés 103 francs
par l'étranger. Si l'on tient compte que les spéculateurs ont dû
faire quelques dépenses pour retirer de la circulation ces 100 fr.
d'argent, — 1 p. 100 ou 0,50 p. 100, — ces 100 francs d'argent
que l'étranger devra payer 103, coûtent au spéculateur 100 fr. 50
ou 101 francs. Nous ne perdons donc que 2 francs à 2 fr. 50, là
où l'étranger perd 3 francs. Car, nous le répétons, l'étranger
perd.

Supposons, en effet, une entente générale des peuples, qui
aurait permis d'établir, vers 1816, un régime monétaire commun,
au moins quant à la valeur relative de l'or et de l'argent et à leur
monnayage simultané ; il n'y avait plus de primes sur la monnaie. L'Anglais trouvait dans sa circulation la monnaie d'argent
qu'il a dû, moyennant finances, faire venir de chez nous pendant
une douzaine d'années, et dont il avait absolument besoin en
Chine et aux Indes ; l'Allemagne trouvait dans la sienne cet or,
dont l'acquisition lui coûte si cher, etc., etc. Ainsi, avec une entente pareille, toutes les questions monétaires internationales

auraient été supprimées ; il n'y aurait pas eu de spéculation possible sur les métaux monétaires ; tout le monde aurait gagné à un semblable état de choses, les particuliers et les gouvernements, comme le commerce d'importation et d'exportation.

Si la diversité des systèmes monétaires était commandée par la nature des choses, s'ils n'étaient pas de ces institutions qu'un gouvernement peut changer presque à son gré, quand l'intérêt du pays l'exige, sous la seule condition de tenir quelque compte des habitudes des populations, une union générale comme celle que l'on recherche et que nous demandons serait, sinon impossible, au moins fort difficile.

Si nous n'avions pas vu que, depuis le commencement de ce siècle, toutes les variations de la valeur relative de l'or et de l'argent proviennent uniquement de lois monétaires édictées par des gouvernements, nous serions le premiers à soutenir qu'une convention monétaire n'aurait aucun résultat utile, qu'il faut se résigner aux questions monétaires internationales et à l'exploitation en règle des spéculateurs en métaux précieux, comme aux effets inéluctables de causes sur lesquelles on ne peut rien.

Mais, à ce double égard, les opinions sont faites. Personne ne conteste les immenses avantages qui résulteraient d'une union monétaire de tous les peuples. Quant à la possibilité de l'établir, tout le monde reconnaît qu'elle dépend entièrement de la bonne volonté des États.

Or, si l'on examine le fond de toutes les différences que présentent entre eux les systèmes monétaires, on ne tarde pas à remarquer qu'on les peut ramener à deux causes que les gouvernements peuvent maintenir ou supprimer à leur gré. La première tient à ce que, de ces systèmes, les uns sont monométallistes et les autres bimétallistes ; la deuxième, à ce que, parmi les systèmes bimétallistes, tous n'ont pas le même rapport monétaire pour l'or et l'argent. Mais si l'on admet un seul instant que l'accord se fasse sur ces deux points : que tous les peuples deviennent ou monométallistes, ou bimétallistes, et, dans ce dernier cas, qu'ils donnent à l'or et à l'argent la même valeur relative, — il n'en faut pas davantage, l'union est faite.

Pour le commerce international, qui procède par lingots, un

accord semblable équivaudrait à l'unification monétaire de tous
les pays. Quant aux voyageurs, il n'y aurait, pour les dispenser d'avoir jamais affaire aux changeurs, qu'à suivre l'exemple
donné en 1868 par l'Autriche, lorsqu'elle fit graver sur sa pièce
de 8 florins sa valeur en monnaie française. Si les pièces prin-
cipales de chaque contrée mentionnaient leur valeur en monnaies des autres pays, le monde civilisé aurait effectivement, par
ce moyen, une véritable monnaie internationale, dont l'usage ne
demanderait aucun apprentissage et n'imposerait de gêne à
personne.

Ce sont précisément ces points essentiels, qui forment pour
ainsi dire le nœud de la question monétaire, que la prochaine
Conférence internationale est appelée à trancher. Ceux qui ont
pris l'initiative de la convocation ont en même temps proposé,
comme objet des délibérations, une solution franche, précise,
qu'on peut accepter ou repousser, mais qui ne permet pas de
tomber, comme à la Conférence de 1878, dans des généralités et
un simple échange de vues : ce serait d'établir une grande union
monétaire, sur le principe du bimétallisme au rapport monétaire unique de 15,50.

Le bimétallisme universel, avec le rapport 15,50, est la solution que M. Cernuschi demande, depuis plusieurs années, pour
mettre un terme à la crise actuelle. On ne saurait trop féliciter
l'infatigable rédacteur du *Siècle* de la rare énergie qu'il a dé-
ployée dans la propagande de cette idée, à laquelle il a réussi à
gagner l'adhésion des plus grands économistes de tous les pays.

En réalité, c'est donc sur la question du monométallisme
et du bimétallisme que la Conférence devra d'abord se prononcer.

Certes, il est difficile de dire dans quel sens elle penchera, si
c'est en faveur du bimétallisme ou contre lui. Mais on peut être
sûr que la question du bimétallisme a des chances d'être enfin
éclaircie. Elle en a grand besoin ; elle a été en effet embrouillée
à plaisir par les économistes, auxquels l'imitation servile de ce
qui se fait en Angleterre tient lieu de tout principe et de toute
science, et qui, depuis vingt années, par l'unique raison que
l'Angleterre possède le monométallisme-or, demandent à cor

et à cri que la France et l'Union latine abandonnent définitivement leur système bimétalliste.

Ce qu'on peut affirmer hautement, toutefois, c'est que la Conférence ne saurait se prononcer pour le monométallisme. Si quelque commissaire demandait de voter l'adoption du monométallisme-or, — car il ne s'agit plus aujourd'hui, comme en 1849, de monométallisme-argent, — les délégués de tous les États se lèveraient contre : « Nous ne pourrions l'établir en Allemagne, répondrait le délégué allemand. Malgré tous nos sacrifices, nous avons été dans l'impossibilité de démonétiser plus de la moitié de notre monnaie d'argent. » — « Avec le monométallisme-or, ajouterait à son tour le délégué américain, il nous serait trop difficile de reconstituer rapidement notre circulation métallique ; ce serait d'ailleurs la ruine de toutes nos mines d'argent. » Les pays de l'Union monétaire répondraient de leur côté, en demandant où ils pourraient trouver 3 milliards d'or pour remplacer les 3 milliards en pièces de 5 francs d'argent qui garnissent leur circulation. Quant au délégué anglais, s'il était présent, il aurait une réponse encore plus simple : « Le monométallisme-or? Nous l'avons depuis 1816, dirait-il. Mais si le monométallisme-or était adopté partout, il se passerait pour l'argent ce qui se passerait certainement pour l'or dans une conjoncture semblable : il perdrait 60 à 80 p. 100 de sa valeur actuelle. Ce serait un soulèvement général de l'empire des Indes, tous les fonctionnaires anglais à la tête. »

La meilleure preuve, du reste, que le monométallisme-or ne saurait être une solution, c'est qu'en fait il existe dans presque tous les pays civilisés, en Angleterre, aux États-Unis, dans tous les États de l'Union, — puisqu'on n'y monnaye plus d'argent, — en Hollande, dans les États scandinaves, en Allemagne, partout, en un mot, sauf en Russie et en Autriche; et que c'est précisément contre lui que la Conférence a été convoquée, et que les gouvernements y ont envoyé des délégués.

Quelles que soient donc les théories plus ou moins ingénieusement déduites, sur lesquelles on essaye d'étayer le monométallisme, il est certain que la Conférence est forcée de le rejeter.

Parviendra-t-on cependant à réunir, cette fois, l'unanimité

nécessaire sur le principe du bimétallisme et d'un rapport monétaire commun? Nous n'oserions l'affirmer.

En tous cas, nous allons essayer de démontrer que cette
solution n'est pas seulement exigée par la nécessité des choses,
mais qu'elle demeure la seule conforme aux vrais principes de
la science économique. Lorsque nous aurons fait voir que le
bimétallisme est l'unique système monétaire que l'économie politique puisse approuver et reconnaître; lorsqu'on sera persuadé que, seul, il peut servir de base à une unification monétaire universelle, la propagande monométalliste, ce nous semble,
aura perdu considérablement de son prestige et de son ardeur.

VI

Quand on prend la peine de lire les ouvrages modernes ayant
trait à la monnaie, on est surpris de voir que la plupart de
nos économistes en sont encore à la théorie de la monnaie telle
que l'a formulée Aristote. Depuis le grand encyclopédiste grec.
pour beaucoup de membres de l'Académie des sciences morales
et politiques, elle ne semble pas avoir avancé d'un seul pas.
Aristote, dans l'antiquité, tenait le rôle de l'école positiviste à
notre époque; il en avait la méthode et la procédure intellectuelle;
c'est pourquoi ses idées générales, ses théories, qu'elles portent
sur la monnaie ou sur toute autre chose, ne sont au fond que la
résultante, ou si l'on préfère, l'induction de tous les faits que
chacun était à même de connaître ou de constater *de visu*. Or, si
l'on s'en rapporte aux œuvres d'Aristote, « la monnaie est une
chose absolument de convention. destinée à faciliter l'échange,
choisie et établie par la loi. Dans les commencements, pour
chaque transaction, on mesurait et l'on pesait ce qui servait de
monnaie, presque toujours un métal; mais à la longue, afin
d'éviter cette peine, on marqua certaines quantités de métal
pour en indiquer la valeur; cette valeur ne provenait pas de la
quantité de métal elle-même, elle lui était extérieure, c'est la loi
qui la lui donnait; en d'autres termes, cette valeur n'était pas
intrinsèque mais nominale. » Voilà en substance le résumé de

la théorie monétaire d'Aristote. Tout le monde entrevoit la conséquence qui en découle : c'est que l'État, la loi, ont un pouvoir souverain sur les monnaies, qu'ils peuvent en réglementer la valeur ou la modifier à leur gré.

Cette théorie monétaire s'implanta solidement chez nous au moyen âge, dans ces temps où Aristote, pour les clercs comme pour les laïques, formait le fond de toute science et de tout enseignement. Aussi, chaque seigneur féodal, d'après les principes qui avaient cours, s'arrogeait-il le droit de battre monnaie, et d'attribuer, à telle ou telle quantité de métal, la valeur monétaire qu'il jugeait à propos. Vers les xiiie et xive siècles, quand la royauté, tout nouvellement imprégnée de cette idée de l'État que les *Institutes de Justinien*, découvertes à Amalfi, venaient de remettre au jour, engagea sa lutte séculaire contre la féodalité et l'esprit féodal, le droit de battre monnaie fut celui qu'elle revendiqua le premier ; elle le regardait comme le droit régalien par excellence. Et naturellement, en vertu de l'adage, *si veult le roi, si veult la loi*, elle s'accorda sur les monnaies et la fixation de leur valeur un pouvoir absolu. De là, les peines les plus sévères, non seulement contre les faux monnayeurs, mais contre quiconque, n'aurait-ce été que dans un but industriel, se fût permis de réduire des monnaies en lingots. Toucher aux monnaies était un crime de lèse-majesté et de forfaiture.

Lors donc que l'on condamne Philippe le Bel et plusieurs de ses successeurs, pour avoir fait subir des altérations aux monnaies, soit en diminuant leur valeur intrinsèque, soit en augmentant leur valeur nominale, on fait preuve d'une impardonnable légèreté ou d'une ignorance absolue de l'esprit de l'époque. Les rois usaient, en cette circonstance, d'un droit qui leur était reconnu par tous les principes en usage, par toute la science et par tous les grands esprits de leur temps.

D'ailleurs, et par parenthèse, on aurait tort d'attribuer à ces altérations, qui, dans la réalité, étaient des manières d'impôts, les conséquences qu'elles ne manqueraient pas d'avoir dans une société comme la nôtre, où les intérêts économiques ont pris tant de développement. « Je ne sais, dit à ce sujet Michelet dans son *Coup d'œil rétrospectif sur le Moyen âge*, si cette forme d'impôt n'était pas même à regretter. A une époque où il y avait peu de commerce et où les rentes féodales se payaient généralement en nature, l'altération des monnaies frappait peu de personnes, et seulement les gens qui pouvaient perdre, par exemple les usuriers, juifs, cahorsins, lombards, ceux qui faisaient la banque de Rome ou d'Avignon. Les taxes au contraire ne touchaient pas ceux-ci, elles tombaient d'aplomb sur le peuple (1). »

Nous sortirions de notre cadre si nous cherchions à suivre pendant toute la durée de la monarchie, jusqu'à la Révolution, l'application faite chez nous de la doctrine monétaire d'Aristote.

D'abord, il n'y a pas trace qu'on ait essayé de faire des monnaies, — le bronze excepté, pour la monnaie de billon, — avec des métaux autres que l'or et l'argent; les rois respectèrent donc, sur ce point, la volonté du peuple, qui ne reconnaît qu'à ces deux métaux la qualité de servir de monnaie. D'autre part, à mesure que les gens de finance prennent de l'influence sur la royauté, on voit celle-ci renoncer à l'exercice de son droit discrétionnaire sur les monnaies. Auparavant les monnaies avaient une valeur nominale indépendante de leur valeur intrinsèque, et cette valeur pouvait varier au gré du prince; elle cesse d'abord de varier, puis elle finit par se résorber tout à fait dans la valeur intrinsèque; à la fin les monnaies n'eurent plus pour valeur que la valeur représentée par le poids du métal précieux qu'elles renfermaient. Cependant, dernier vestige de son ancienne omnipotence, l'État conserva jusqu'en 1790 le droit exclusif de transformer en monnaie les métaux d'or et d'argent.

Avec la Révolution, le droit de frapper monnaie est retiré au roi et passe au peuple; de régalien qu'il était au siècle d'Aristote et au moyen âge, il devient un droit individuel; chacun a le droit de faire battre toute monnaie d'or ou d'argent; l'État n'a plus qu'un droit de contrôle sur le monnayage; son ingérence se borne simplement à vérifier si les pièces frappées ont bien le poids et le degré de fin voulus.

Cette façon de comprendre les droits de l'État sur les monnaies suffirait à elle seule, s'il n'y avait pas d'autres preuves,

____

1) *Histoire de France*, Vol. V, p. 63. Édition Marpon et Flammarion.

pour marquer combien nous entendons autrement que l'antiquité ce qu'on appelle de nos jours la démocratie. Ainsi, à la
place de tous les droits qui du temps d'Aristote étaient attri-
bués sur les monnaies à l'État, à la loi ou au roi, la Révolution
n'accorde au nôtre qu'une pure et simple prérogative de po-
lice. Comme corollaire rigoureux de ce principe, ce n'est plus
l'État qui doit diriger les Hôtels des Monnaies, ils sont loués à
des entrepreneurs libres, lesquels sont en rapport avec le public
et frappent, à des prix fixés par la loi, les matières d'or et d'argent qu'on leur apporte ; l'État ne peut avoir entrée dans les
Hôtels des Monnaies que dans la personne de sa commission de
contrôle, et celle-ci n'a qu'à contrôler le poids et le degré de fin
des monnaies fabriquées.

Nous devons dire en passant que ce principe tutélaire, supé-
rieur, éminemment d'ordre démocratique, a éprouvé de nos
jours une première atteinte. Une loi de 1879 a en effet replacé
les Hôtels des Monnaies entre les mains de l'État ; c'est l'État
maintenant qui les gère. Aujourd'hui comme à la veille de la
Révolution, l'État a donc en fait le monopole exclusif de la
fabrication des monnaies. Singulières années que les nôtres, où
ce sont précisément les hommes qui prétendent relever des
principes de la Révolution, qui leur substituent ceux de l'ancien régime !

Quel que soit le jugement qu'on puisse se former sur le rapport monétaire légal 15,50, on ferait œuvre de mauvaise foi, en
regardant son institution comme un reste de l'ancienne doctrine.
en croyant qu'elle a été inspirée par le principe de la souve-
raineté de l'État en matière monétaire. Il ne fut édicté qu'en vue
de la commodité publique, comme une mesure d'utilité générale,
afin d'empêcher tout agiotage sur les monnaies, et pour dispenser les citoyens d'avoir à fixer eux-mêmes la valeur relative des
monnaies d'or et des monnaies d'argent.

En ce qui concerne les monnaies, la Révolution avait donc
posé tous les principes : le système monétaire se basait sur le
système décimal ; la valeur nominale des monnaies était la même
que leur valeur intrinsèque, et ne pouvait être affectée en rien par
la volonté du prince ou de l'État ; ces derniers n'avaient pas

même le droit de fabriquer des monnaies pour leur compte, il leur fallait passer par l'intermédiaire des entrepreneurs des Hôtels des Monnaies ; le système monétaire était, en outre, absolument scientifique, puisqu'il comprenait les deux métaux monnayables : l'or et l'argent.

Si nous revenons à notre thèse, lorsque les monométallistes demandent à l'État, à la loi, d'attribuer exclusivement à l'or le monopole de la circulation, ils proposent, purement et simplement, de rentrer dans la tradition aristotélique, dont la Révolution nous avait heureusement fait sortir. Du moment, en effet, que deux métaux sont acceptés ou susceptibles d'être acceptés de tous les peuples sous forme de monnaie, le bon sens, la raison, la véritable économie politique, ordonnent de conserver à tous les deux leur faculté monétaire ; vouloir en priver l'un au bénéfice de l'autre, c'est vouloir une mesure arbitraire, anti-économique, irrationnelle ; c'est substituer au cours naturel et normal des choses, un ordre de raison et de fantaisie ; c'est commettre, de plus, l'imprudence de réintroduire l'État dans une question où il était jadis souverain maître, mais dont on avait eu la sagesse de le désintéresser. Une proposition semblable est, on l'avouera, d'autant moins admissible de la part de ses auteurs, qu'ils invoquent à tous propos le témoignage de l'économie politique, et qu'ils n'ont pas assez de sarcasmes pour les initiatives ou les mesures que les gouvernements s'avisent de prendre sur le terrain économique.

Les partisans du monométallisme, pour justifier leurs idées, ont beau alléguer les inconvénients d'un rapport monétaire légal, ils n'en sont pas plus excusables. Certes ces inconvénients sont réels, et loin de nous la pensée d'en vouloir atténuer l'importance. Mais puisque les faits démontrent, clair comme le jour, que tous les inconvénients reprochés à l'institution d'un rapport monétaire légal, résultent des variations que les gouvernements font éprouver à leurs systèmes et de l'antagonisme qui en est la suite, un remède s'offrait tout naturellement, sans qu'il fût besoin pour cela de tomber dans le monométallisme : c'était, ou une entente générale, une convention analogue à celle qu'on propose à la Conférence et qui aurait établi une fixité inébranlable, ou bien le retour pur et simple au principe du système de 1793, lequel, tout en étant bimétalliste, nous l'avons vu, possédait le double étalon. En tout état de cause, la science interdisait à des économistes sérieux, de partir des abus qu'un rapport monétaire légal peut produire, dans des circonstances faciles à modifier, pour conclure à la démonétisation de l'argent et à l'attribution à l'or du monopole de former monnaie.

Cette hérésie scientifique n'est pas la seule dont les monométallistes soient coupables. Nous ne voulons pas nous arrêter à toutes; il en est une cependant sur laquelle il peut n'être pas inutile d'appeler particulièrement l'attention, car elle donne à leur solution une apparence de vérité qui, tout en les trompant eux-mêmes, est de nature à égarer la masse des esprits superficiels : c'est lorsqu'ils affirment, avec une conviction profonde, que l'or et l'argent sont des marchandises, et qu'en tant que marchandises, la valeur de ces métaux est soumise à toutes les variations de l'offre et de la demande. Cette proposition formulée, une conclusion naturelle s'en déduit, c'est qu'il est souverainement absurde de croire à la possibilité d'une certaine fixité dans la valeur relative de l'or et de l'argent, et par conséquent que ces métaux ne sauraient avoir entrée tous les deux dans la circulation.

VII

De tous les objets qui rentrent dans le domaine de l'économie politique, il n'y en a point, au contraire, qui échappe autant que les métaux monnayables à l'atteinte de la grande loi économique de l'offre et de la demande. Ils sont si bien en dehors de son influence, qu'on peut dire de cette loi qu'elle leur est complètement étrangère.

La loi de l'offre et de la demande n'a d'action sur une marchandise qu'à une condition : il faut que l'offre de cette marchandise soit susceptible de dépasser la demande ou de rester en deçà, ou, ce qui revient au même en d'autres termes, que la demande de cette marchandise puisse être inférieure ou supérieure à l'offre qu'on en peut faire. L'équilibre entre l'offre et la

demande qui, seul, a pour résultat de déterminer les prix, ne
pourrait évidemment pas s'opérer, si l'offre et la demande n'é-
taient pas susceptibles d'une limite, ou si, quand l'offre est
limitée et la demande infinie, la demande se personnifiait dans
un seul individu, et, par conséquent, ne donnait lieu à aucune
concurrence.

Or, ce qui empêche les métaux monétaires d'être des marchandises et, à ce titre, sujets, comme toute marchandise, de la
loi de l'offre et de la demande, c'est que leur demande, ou, si l'on
aime mieux, leur débouché, est infini, toujours ouvert, jamais
satisfait, et qu'il est représenté en outre par un seul et unique
consommateur : la circulation monétaire. Si tous les agricul-
teurs de France n'avaient qu'un seul acheteur pour leur blé, et
si, de plus, cet acheteur, n'étant jamais pressé, n'allant jamais
au-devant de l'offre, ne la provoquant pas, pouvant se contenter
des plus petites comme des plus grandes quantités de grains qu'on
lui apporterait, acceptait tout au même prix, il est manifeste
qu'en cette circonstance la loi de l'offre et de la demande serait
sans action. C'est précisément ce qui se passe pour les métaux monétaires. Qu'on découvre demain 10 milliards, 20 milliards d'or, qu'on les porte à la Monnaie et qu'ils soient transformés en numéraire, malgré cette surabondance imprévue, les
pièces de 10, de 20 ou de 40 francs qu'on en fabrique, valent autant
que celles qui ont été jetées dans la circulation, il y a soixante ou
quatre-vingts années, quand l'or était plus rare. Aucune diffé-
rence entre elles ; selon l'espèce, la valeur est de 10, 20 ou
40 francs. Le métal a beau être rare ou abondant, les pièces
qu'il sert à fabriquer ont toujours le même poids et la même valeur ; ce seront toujours des pièces de 20 francs, s'il s'agit de
pièces de 20 francs, ou des pièces de 1 franc, s'il s'agit de pièces
de 1 franc. La valeur de ce métal, en raison précisément du
débouché infini qui lui est ouvert et du seul acquéreur qu'il
rencontre, est à proprement parler immuable : elle ne saurait
changer.

Devant un système monétaire, l'abondance ou la rareté d'un
métal sont donc sans conséquence sur la valeur des pièces
qu'on en fait.

On objectera peut-être que si, malgré la surabondance d'un métal monétaire, sa valeur, par rapport à lui-même, reste invariable, elle n'en change pas moins par rapport aux objets contre lesquels on a l'habitude de le donner : par exemple, que tel produit, payé auparavant 40 francs, devra être payé 50 francs avec l'augmentation de la masse de la monnaie. Cette objection, dont les Allemands abusent en ce moment pour combattre le bimétallisme, ne saurait avoir de portée auprès de véritables économistes.

Prenons l'hypothèse d'un milliard d'or ou d'argent venant se faire monnayer à notre Hôtel des Monnaies. Qu'en advient-il ? D'abord, ce milliard, une fois frappé, peut rester dans la caisse de ses propriétaires. Mais supposons qu'il en sorte et qu'il soit dépensé. Si on l'emploie à développer l'échange, à opérer des perfectionnements industriels, à faire des créations utiles pour la production, en un mot, s'il sert à des dépenses productives, loin alors de provoquer la cherté des choses, il est évident qu'il contribue à faire diminuer les prix existants, puisqu'il augmente le rendement de la production ou qu'il en réduit les prix de revient.

Voilà ainsi deux cas dans lesquels ce milliard est sans influence sur l'augmentation des prix, ou ne peut que les faire baisser. Cependant si, au lieu de le thésauriser ou de lui donner un emploi productif, ses détenteurs le consacrent à faire des dépenses de consommation que, sans lui, ils n'auraient pas faites, la demande, c'est évident, grâce à ce milliard, est augmentée d'autant; devant cet accroissement de la demande, l'offre affiche naturellement de plus grandes prétentions; il en résulte forcément une surélévation des prix. Mais cette surélévation des prix, ce serait une erreur de l'imputer au milliard : elle est la conséquence toute naturelle d'une recrudescence de la demande. Que, par une circonstance fortuite, une denrée quelconque, dont l'écoulement était restreint, vienne à voir décupler, centupler le chiffre de ses consommateurs, au point que ses prix soient portés au double. De ce qu'il faudra payer, par exemple, 10 francs ce qu'on payait l'année précédente 5 francs, on ferait sourire tout le monde en prétendant que c'est l'argent qui a perdu de sa valeur. Le phénomème économique que nous venons d'esquisser à propos de ce milliard est absolument identique.

L'or et l'argent ne sauraient donc être assimilés à des marchandises. La loi de l'offre et de la demande n'existe pas pour eux; leur seul débouché se trouve dans la circulation monétaire des peuples, où les pièces de monnaie gardent toujours la même valeur.

Dans un seul cas, l'or et l'argent pourraient être regardés comme des marchandises : c'est lorsqu'ils servent de matières premières à l'industrie. Mais comme l'écoulement qu'ils ont de ce côté est imperceptible, en proportion de celui qu'ils trouvent dans la circulation monétaire, leur valeur, en cette circonstance, suit constamment la valeur des pièces de monnaie qu'ils pourraient servir à fabriquer; elle ne peut être au-dessous. Ainsi, même quand ils sont réellement marchandises, la valeur de l'or et de l'argent n'est exposée à aucune fluctuation du marché, elle est invariable.

Quand les monométallistes disent que, si l'argent n'avait pas, dans les systèmes monétaires, un débouché toujours ouvert, l'industrie pourrait se le procurer à un prix beaucoup plus bas, ils conviennent implicitement de la condition économique toute spéciale d'un métal monnayable; c'est pourquoi c'est faire erreur de l'assimiler à d'autres produits. Sans doute, si l'or et l'argent n'avaient pas la faculté de s'engouffrer dans la circulation monétaire, ils n'auraient plus, comme toute marchandise, qu'une valeur industrielle, commerciale, et il serait possible alors de les acheter à 70, 80, 90 p. 100 meilleur marché qu'à l'heure actuelle.

Mais, à ce point de vue, ce n'est pas un système monométalliste que les partisans de l'étalon unique d'or devraient réclamer. Avec un système monométalliste, on ne ferait que la moitié de la besogne; il n'y aurait qu'un seul métal expulsé de la circulation. Un système « a-métalliste », sans métal, dans lequel du papier, ou un signe quelconque, tiendrait lieu de toute monnaie, voilà le système idéal qui découlerait des principes des « monométallistes » conséquents avec eux-mêmes. Une monnaie toute fictive, totalement dépourvue de valeur intrinsèque, serait la monnaie aristotélique par excellence. Si l'on cherche bien du reste, c'est une monnaie de cette sorte qu'on trouverait au fond des doctrines de Saint-Simon ou de ses continuateurs.

Nous ne croyons pas, cependant, que ce soit dans une visée aussi large que la plupart des monométallistes, et des plus sérieux, entendent l'argument de l'or et l'argent marchandises. Ils ont l'intention plutôt de vouloir faire comprendre par là que l'abondance de l'or et la rareté de l'argent, et *vice versâ*, peuvent avoir pour résultat de faire rechercher tel métal plus que l'autre ; mais qu'un rapport monétaire fixe interdit entre eux tout changement de valeur commerciale.

D'après leur opinion, le rapport légal étant 15,50, 5 grammes d'or sont fatalement condamnés à ne jamais valoir que quinze fois et demie 5 grammes d'argent, et réciproquement ; l'industrie est obligée de payer au prix que lui attribue ce rapport monétaire, un métal qui, dans la réalité, est en baisse, et que, sans le rapport monétaire, on pourrait acheter à meilleur marché.

Lorsque les monométallistes parlent ainsi, assurément toutes les apparences sont en leur faveur. Mais il n'est pas difficile de montrer que, de ce côté encore, ils sont victimes d'une illusion ; on n'a qu'à consulter les faits pour s'en assurer. Ils sont dans ce genre spécial d'erreur que produit toujours une comparaison inexacte. A force de répéter que l'or et l'argent sont des marchandises, ils ont fini par le croire ; leur esprit dès lors ne cherche plus qu'à trouver quand même des similitudes ; ils dédaignent, comme inutile, une analyse détaillée de la nature, du rôle et du fonctionnement de la monnaie, analyse qui leur prouverait de suite que, dans le monde économique, la monnaie est quelque chose d'à part, qu'on aurait le plus grand tort de confondre avec les autres produits.

Il y a d'abord une erreur de fait. Personne n'ignore qu'une monnaie, celle d'or si l'on veut, peut être, pour une raison quelconque, plus recherchée que la monnaie d'argent, et que cette recherche peut se traduire par une prime. On a vu des primes de ce genre, on en voit, on en verrait certainement encore, même au cas où le monde entier jouirait d'un système monétaire commun. Dans notre système monétaire, une prime semblable n'est pas même particulière à la monnaie métallique. Ne se rappelle-t-on pas, en effet, qu'en 1872, lors de l'emprunt des trois milliards, le billet de la Banque de France fit une légère prime en Belgique sur les espèces d'or et d'argent qu'il dispensait de transporter à Paris ?

On accuse donc à tort le rapport monétaire de river les monnaies d'or et les monnaies d'argent à la valeur relative qu'il leur attribue. Dans la pratique, il laisse pleine carrière à toutes les libertés, à toutes les préférences, il ne porte aucune entrave aux fluctuations qui peuvent affecter la valeur relative de ces monnaies, et si une monnaie fait prime, aucune loi n'interdit de toucher le profit que cette prime représente. Le rapport monétaire n'est là, en réalité, que pour ceux auxquels monnaies d'or ou monnaies d'argent sont indifférentes, et qui se servent des unes et des autres, sans préférence marquée, indistinctement.

Car il est une chose que les monométallistes paraissent oublier : c'est que la monnaie n'a force libératoire qu'à défaut de convention contraire. S'il plaît, par exemple, à un propriétaire foncier d'être payé de ses fermages en beurre, en hectolitres de blé ou en toute autre céréale, en volaille, en bétail, etc., il n'a qu'à faire accepter ces conditions par son fermier, et si celui-ci y souscrit, il ne peut s'y dérober ; il doit payer de la façon convenue. Le propriétaire a également le droit de spécifier qu'on devra le payer en monnaie d'argent, plutôt qu'en monnaie d'or, ou en monnaie d'or plutôt qu'en monnaie d'argent. Le choix du mode de payement est absolument libre pour les citoyens. Ainsi, malgré la confusion que notre système semble établir entre les monnaies d'or et les monnaies d'argent, on a toute latitude d'opter entre les unes et les autres, de se servir des unes plutôt que des autres ; rien ne le défend. Sans doute, le public n'use jamais d'une pareille liberté ; ne considérant dans les espèces métalliques que la monnaie, il leur demande uniquement de lui servir d'intermédiaire d'échange, sans se soucier du métal dont elles sont faites. Mais il est bon de la rappeler, car cette liberté donne à notre système bimétalliste une élasticité que ses adversaires ne semblent pas soupçonner. Avec lui, on a la faculté d'être payé dans la monnaie que l'on préfère, ce qui n'existe pas avec les systèmes monométallistes, qui ne disposent que d'un seul métal ; il n'y a qu'à spécifier à l'avance de quelle manière on désire que le payement soit effectué.

Mais étant donné que, dans un système bimétalliste, une monnaie puisse être plus recherchée qu'une autre et acquérir ainsi une plus-value, les monométallistes se trompent lorsqu'ils prétendent qu'une des monnaies peut être dépréciée. Dans un système de ce genre, quelle que soit la préférence accordée à une monnaie sur l'autre, il n'y a jamais de métal déprécié. C'est encore un fait qui distingue l'or et l'argent des marchandises. Une marchandise voit-elle la demande se restreindre, elle baisse. Avec les monnaies, rien de semblable. La monnaie la moins demandée n'éprouve pas de baisse ; c'est celle qui est la plus recherchée qui éprouve une hausse. De 1816 à 1849, l'or est plus demandé : 20 francs d'argent restent 20 francs ; 20 francs d'or au contraire deviennent 20 fr. 60 cent. ou 75 cent. De 1852 à 1868, c'est l'argent qui, à son tour, est le plus recherché : 20 francs d'or restent 20 francs, mais 20 francs d'argent atteignent une valeur qui est allée jusqu'à 20 fr. 60 cent. Si des variations ont lieu dans la valeur des monnaies d'or et d'argent, elles ne peuvent se produire que dans le sens d'une plus-value pour la monnaie favorisée ; elles n'ont jamais pour résultat de faire que la monnaie la plus délaissée tombe au-dessous de sa valeur monétaire.

Lors donc qu'ils déplorent le sort de l'industrie, condamnée, disent-ils, par le rapport monétaire, à ne jamais pouvoir profiter de la dépréciation d'un métal et l'acheter à bas prix, les monométallistes se tourmentent d'un mal imaginaire. Il n'y a pas et il ne peut pas y avoir de métal déprécié dans un système bimétalliste. Cependant, les industriels qui veulent se procurer à bon marché un métal monnayable ont un moyen. Est-ce de l'argent qu'ils désirent ? Qu'ils s'approvisionnent, en ce cas, de monnaies d'or ; qu'ils mettent ensuite leurs soins à ce que l'or fasse prime, au point qu'une pièce de 20 francs trouve preneur à 21, 22, 23... Grâce à cette plus-value de l'or, ils pourront avoir la même quantité d'argent avec moins de pièces de 20 francs qu'auparavant; mais qu'ils n'attendent pas que l'argent baisse, pour le payer moins cher; il ne baissera point; il ne peut pas baisser.

A quelque point de vue que l'on se place, il n'est pas permis de dire que l'or et l'argent soient des marchandises. A l'état de lingots, le débouché assuré qu'ils ont dans la circulation monétaire fait que leur valeur ne peut être inférieure à celle qu'ils auraient, transformés en monnaie. A l'état monnayé au contraire, si telle monnaie est plus recherchée que telle autre, la loi de l'offre et de la demande reste sans effet sur cette dernière, qui conserve toujours sa valeur; elle n'opère que sur la monnaie recherchée, laquelle acquiert une plus-value.

Si nous considérons maintenant, dans leurs causes déterminantes, les variations que la valeur relative des monnaies d'or et des monnaies d'argent peut éprouver à l'intérieur d'un système bimétalliste, on se rend immédiatement compte que ces causes sont destinées à n'avoir qu'une durée temporaire. Les raisons qui font que telle monnaie peut être préférée à telle autre sont en effet journellement battues en brèche par le progrès, et l'on peut prévoir le moment où elles disparaîtront.

Autrefois, quand l'épargne se bornait à la thésaurisation, on s'explique aisément qu'il ne pouvait pas être indifférent aux gens d'accumuler leurs économies en telle monnaie plutôt qu'en telle autre; à cet égard ils avaient et ils devaient avoir des préférences. Il existait de ce chef des courants de raréfaction, soit pour la monnaie d'or, soit pour la monnaie d'argent, lesquels, à un certain moment, pouvaient se chiffrer par une prime en faveur de la monnaie la plus recherchée. Mais aujourd'hui la thésaurisation n'est plus qu'exceptionnelle; on épargne peut-être davantage qu'autrefois, mais on n'épargne plus dans l'unique vue d'amasser du numéraire pour le garder. Dès que l'épargne s'élève à une certaine somme, au lieu de la laisser inoccupée, on la fait « travailler », on la place, on la consacre à des améliorations productives, on achète des immeubles ou des valeurs mobilières, en un mot, on cherche, sans compromettre la valeur que représente le capital, à en retirer un certain profit, un revenu. Que ce soit donc de la monnaie d'or ou

d'argent que l'on entasse pendant trois, six mois ou une année,
peu importe, on prend monnaies d'or et monnaies d'argent,
sans y regarder, pour leur valeur courante, nominale, c'est-
à-dire pour la valeur qu'elles auront quand on s'en défera ; si,
par occurrence, ces monnaies ont alors une plus-value, le plus
souvent on n'en sait rien et on la laisse échapper. La prime des
monnaies n'est jamais réalisée que par des spéculateurs spéciaux,
qui seuls sont en situation d'être informés, et d'opérer sur la circulation ; le gros public n'en a pour ainsi dire jamais connaissance, il s'en soucie du reste fort peu. Quand il donne ses
espèces, elles ont la même valeur que le jour où il les a reçues :
il n'en demande pas davantage.

Si l'on tient compte des progrès accomplis dans la circulation
monétaire, on peut prédire que, d'ici à une vingtaine d'années, les
préférences accordées, en maintes circonstances, à l'or sur l'argent n'auront plus elles-mêmes leur raison d'être, et que les
deux métaux seront toujours sur le même pied. A valeur égale,
l'or pèse quinze fois et demie moins que l'argent et tient vingt-
sept fois et demie moins de place, c'est-à-dire qu'il faut 15 millions et demi d'or pour égaler le poids d'un million d'argent, et
que, pour remplir l'espace occupé par ce même million d'argent,
il faudrait 27 millions et demi d'or. On comprend par ces détails
l'intérêt réel que l'on peut avoir, lorsqu'il s'agit de transporter
du numéraire, à préférer les monnaies d'or à celles d'argent. Cette
commodité pourtant que l'or présente comparativement à l'argent,
il l'a à peu près perdue aujourd'hui. Avant nos chemins de fer,
quand notre système de banques était encore à l'état embryon-
naire, que les voyages étaient difficiles, s'il fallait envoyer de
grosses sommes à une certaine distance, on avait un sujet de
le rechercher à la place de l'argent. Mais aujourd'hui on le trouve
également encombrant ; en pareilles circonstances, il est jugé
beaucoup moins commode que le papier de la Banque de France,
et l'on aime mieux se servir de ce dernier. D'ailleurs comme l'u-
sage des chèques se généralise de plus en plus, on peut prévoir le moment où la majeure partie du numéraire sera déposée
dans les caisses des sociétés financières et de crédit ; il ne restera
dehors que ce qui est nécessaire aux petites dépenses ordinaires ;

la circulation métallique n'aura réellement lieu que de banque à banque.

VIII

Il était nécessaire, malgré tous ses côtés arides et les aperçus théoriques qu'elle exigeait, de nous attacher à la réfutation de l'argument de l'or et argent marchandises, car cet argument, par ses côtés spécieux, est d'un très grand poids auprès des personnes peu familiarisées avec l'économie politique, et ce sont les plus nombreuses. Cependant nous regretterions de nous y être arrêté aussi longtemps, si les explications dans lesquelles nous avons dû entrer ne nous avaient permis de jeter, par la même occasion, quelques idées sur la nature, le rôle et le fonctionnement de la monnaie.

D'ailleurs on doit s'apercevoir que le point de vue de la question s'est élevé.

Nous n'en sommes plus à la description d'un système monétaire et des influences qu'il peut subir, aux avantages qu'offrirait l'union monétaire de tous les peuples, aux raisons scientifiques qui doivent faire repousser le monométallisme, au pouvoir que l'État doit ou ne doit pas avoir sur la monnaie; nous en sommes au principe de la monnaie elle-même et aux conséquences supérieures que ne manquerait pas d'avoir l'adoption de la doctrine bimétalliste ou monométalliste.

Lorsque les monométallistes accordent à l'État le droit d'attribuer à tel ou tel métal le monopole du monnayage, ce n'est pas seulement en cela qu'ils se rattachent à Aristote. Ils sont encore étroitement liés avec lui sur ce qui regarde la fonction même de la monnaie. Ce que le philosophe grec en a dit, ils y souscrivent sans discussion; à l'instar de nos scolastiques du moyen âge, ils se font comme un cas de conscience d'aller contre sa parole. Aristote ayant écrit que la monnaie était l'instrument de l'échange et n'ayant rien ajouté, pour les monométallistes, la monnaie est cela, et rien que cela.

Certes on ne peut contester cette fonction à la monnaie. Toutes les choses s'estiment en monnaie et se soldent en monnaie; toutes les transactions commerciales se font en monnaie. C'est en francs, en livres sterling, en lires, en marcs, en dollars, etc., selon les pays, que les prix se demandent et qu'on les débat; quand une opération a été conclue, c'est en monnaie qu'elle se liquide et qu'on paye le prix convenu.

Cependant la monnaie n'est pas seulement l'instrument de l'échange; elle est encore autre chose. Aristote, lui, pouvait ne pas le savoir, attendu que de son temps le monde économique n'avait pas la complexité du nôtre. Mais, dans nos sociétés modernes, l'autre fonction de la monnaie dont nous voulons parler ne saurait échapper à l'observateur le moins attentif.

La monnaie représente une valeur mobilière d'un genre particulier. Elle ne rapporte rien par elle-même; mais si on l'épargne, si, lorsqu'on en possède une certaine quantité, on la prête, on l'emploie à la construction de maisons, à l'achat d'un outillage perfectionné, au développement d'une industrie, à des mises en valeur quelconques, dans cette fonction nouvelle et spéciale qu'on lui donne, la monnaie rapporte un certain revenu. De là la préoccupation de chacun pour faire des espèces qu'il possède un emploi fructueux; de là le crédit, c'est-à-dire cette habitude, cette tendance de plus en plus universelle, à placer dans des opérations conduites ou créées par d'autres, le numéraire que, pour une raison quelconque, on ne peut ou l'on ne veut pas soi-même faire produire.

A cet égard, le numéraire n'est pas seulement l'instrument de l'échange; il est l'agent principal et le moteur indispensable du progrès économique. Il n'y a pas un progrès industriel ou commercial qui se puisse réaliser sans la dépense et, par conséquent, sans la possession préalable d'une certaine quantité de numéraire; il n'y a pas de travaux utiles dont le résultat direct a été d'augmenter le capital et la richesse d'un pays qui eussent pu s'entreprendre sans la même condition. On ne saurait mieux comparer la circulation monétaire du monde économique qu'à la circulation du sang en physiologie. De même que le sang vivifie toutes les parties du corps, qui sans lui tomberaient en décomposition, et qu'il leur permet de prendre toute leur ampleur; de même le numéraire donne l'activité au monde économique et

lui fournit le moyen d'acquérir son entier développement : plus
il est abondant, plus il développe l'aisance, le bien-être, plus
l'industrie se perfectionne, plus la production s'accélère, plus
la richesse s'accumule. Qu'on prenne un pays où la monnaie
abonde : il n'est pas une mine, une carrière, une bonne idée commerciale ou industrielle, une invention utile, etc., qui ne trouve
presque immédiatement l'argent nécessaire à son exploitation.
Dans ceux au contraire où le numéraire est rare, tout végète, les
richesses naturelles les plus merveilleuses restent stériles, sans
usage, nulle trace de progrès économique, tout est stationnaire.

Le rôle de la monnaie ne se borne donc pas uniquement à
collaborer aux transactions commerciales. Il n'y a qu'en monnaie que puissent se réaliser les économies de chacun ; à cet
égard, elle est l'élément indispensable de l'épargne : sans elle,
cette dernière ne pourrait avoir lieu, et sans l'épargne, sans les
puissances qu'elle amasse, pas de crédit, aucune des grandes
choses qu'il enfante, impossibilité aux particuliers de faire les
dépenses qui réclament l'accumulation des économies de plusieurs années. Aussi, plus le numéraire est abondant, moins la
matière première manque à l'épargne, plus par suite le progrès
économique, l'enrichissement, est rapide et général. L'action de
la monnaie est si bienfaisante, que loin de tendre à réduire le
nombre des métaux qui la constituent, on devrait souhaiter qu'il
s'en découvrît d'autres, qui rivaliseraient avec l'or et l'argent
dans la confiance des peuples, et qu'on pourrait également
monnayer.

Bien que ce rôle de la monnaie soit vraiment essentiel dans nos
sociétés modernes, les livres de nos économistes n'ont jamais
cherché à le mettre en complète évidence. Pour les monométallistes, ils ne paraissent pas l'avoir soupçonné. S'ils s'en faisaient la
moindre idée, s'ils se doutaient que la monnaie est comme le gé-
nérateur du progrès, il est probable qu'ils y auraient regardé
à deux fois avant de proposer de réduire de 16 milliards ce qui
existe de numéraire dans le monde, — car on estime à ce chiffre
la monnaie d'argent en circulation, — et de renoncer pour l'avenir
aux immenses ressources monétaires que les mines d'argent peuvent encore donner.

On imagine sans peine la somme de transactions, de services divers, d'épargne, de crédit, de progrès économique, que le va-et-vient en toutes mains de 16 milliards peut représenter chaque année. Eh bien! quels que fussent les délais qu'on mettrait à l'exécuter, la démonétisation de l'argent réclamée par les monométallistes anéantirait tout cela. Anéantir est le mot. Les 16 milliards d'or qu'il faudrait extraire des mines pour remplacer l'argent démonétisé ne pourraient rendre que des services rendus auparavant par l'argent ; tout ce qu'ils auraient pu faire par eux-mêmes, s'ils s'étaient ajoutés à la circulation au lieu d'en combler un vide, serait évidemment perdu ; il y aurait toujours un déficit de 16 milliards dans le courant monétaire. Relativement à la richesse, au bien-être et au développement moral que la tranquillité matérielle entraîne, l'adoption du monométallisme équivaudrait certainement, dans l'évolution du monde, à un retard d'au moins un siècle.

Nous ne voudrions pas demander aux monométallistes d'envisager la question d'aussi haut, bien que, lorsqu'on a la prétention d'aborder les problèmes internationaux, on devrait être tenu d'avoir constamment devant les yeux l'intérêt général de toutes les nations. Mais, comme la plupart, après tout, sont systématiquement hostiles à l'établissement des douanes, aux principes de la protection ; comme ils se raillent de ce qu'on appelle l'industrie nationale, le travail national, le commerce national, et comme, à leur aveu, quand ils écrivent, pensent, méditent, ils ont pour objet l'humanité prise en bloc, on serait peut-être en droit de les obliger, dans la question monétaire, à ne pas quitter leur point de vue habituel, et de leur demander s'ils ont songé aux conséquences que l'application des théories qu'ils préconisent pourraient avoir pour tous les peuples indistinctement.

Ce point de vue, en effet, ils le négligent par trop ; on ne dirait pas, tant leur propagande est active, qu'il est de la dernière évidence que l'adoption du monométallisme porterait le plus grand préjudice au commerce international, et qu'avec elle, il faudrait renoncer à l'espérance de voir jamais les nations unies par un système monétaire commun.

Lorsque, comme dans le cas présent, on vise à l'établissement d'une union internationale dont tous les pays peuvent être appelés à faire partie, il y a deux préoccupations que l'on doit avoir sans cesse présentes à l'esprit. La première, c'est de trouver pour cette union internationale, quel qu'en soit l'objet, une base absolument scientifique. Nos pères de la Révolution qui, en toutes leurs œuvres, avaient constamment en vue l'humanité entière le savaient bien. Aussi leurs *droits de l'homme* sont-ils devenus le programme des revendications de tous les peuples; aussi leur système de poids et de mesures a-t-il fait le tour du monde, etc. Tout ce qui est scientifique est impersonnel. Les peuples comme les individus ont leur amour-propre, et il est bien plus facile de faire adopter une chose qui n'est, pour ainsi dire, la propriété de personne, dont la conception et la formule sont fournies par la science, qu'une chose qui puise son origine dans les convenances, les habitudes ou les traditions d'un autre pays. Ce dont encore on doit se préoccuper en cette circonstance, c'est que malgré toute la bonne volonté que montreraient les peuples pour entrer dans l'union proposée, ils n'en soient pas empêchés par des impossibilités matérielles.

Il faut, en un mot, que dans les questions telles que celles d'une union, d'une convention internationale, les susceptibilités nationales, pas plus que la pratique et les faits, ne viennent se mettre à la traverse et s'opposer à la réalisation du progrès que l'on poursuit.

Or, comme nous l'avons montré plus haut, le monométallisme, loin d'être scientifique, est au contraire en désaccord absolu avec la science économique. Par le fait, il est la négation du rôle le plus bienfaisant de la monnaie, celui qui préside à l'épargne et au crédit. Il ne se recommande guère que par l'usage que l'Angleterre en a fait depuis 1816. Au point de vue de l'économie politique, à laquelle toute mesure, toute réforme, toute institution d'essence économique doit se rapporter, le monométallisme ne saurait donc être accepté comme une solution conseillée par la science : il n'est qu'une solution empirique. Si l'on consulte maintenant, à son sujet, la mise en application, la pratique en un mot, alors se dressent de toutes parts des obstacles et des difficultés. D'abord, si l'on adoptait l'étalon unique d'or, chaque peuple serait obligé de remanier son système monétaire, puisque chez la plupart l'unité d'étalon existante est actuellement l'argent. Nous donnons à penser avec quelle patience les populations se laisseraient déranger dans leurs habitudes, pour une réforme que leur intelligence jugerait du premier coup comme scientifique-ment inadmissible.

Et puis, démonétisation de l'argent est bientôt dit; mais ceux qui la proposent semblent oublier une chose, bien connue cependant : c'est qu'il y a des peuples, la Russie, l'Autriche, la Chine, les Indes, plusieurs parties de l'Amérique du Sud, la Grèce, l'Italie, l'Espagne, tout le Levant et les pays barbaresques, où la monnaie d'argent, soit par goût, soit en raison du prix relativement peu élevé des choses qui nécessite l'emploi journalier d'un métal valant moins que l'or, est préférée à la monnaie d'or.

Admettons, pour un instant, que les États-Unis, — qui s'y refusent, car en 1876, quand ils ont vu les conséquences de la démonétisation de l'argent, ils sont revenus sur leur loi de 1873 qui établissait l'étalon d'or ; que l'Union monétaire, — qui aurait à y perdre un milliard et demi au moins ; que l'Allemagne, — qui ne demande aujourd'hui qu'une raison décente pour abroger sa loi de 1871 et devenir bimétalliste, etc., — admettons pour un instant que ces contrées se rangent au monométallisme-or de l'Angleterre, laquelle, par parenthèse, ne serait pas éloignée d'incliner dans une certaine mesure vers le bimétallisme, croit-on que l'union monétaire formée entre ces contrées serait susceptible de tenter les pays que nous venons de nommer, et qui ont absolument besoin de monnaie d'argent ? Pense-t-on qu'ils consentiraient à perdre toute leur circulation métallique, pour la seule satisfaction d'introduire chez eux un système monométalliste, dont l'étalon d'or leur présenterait plutôt des inconvénients que des avantages ? Nous ne le croyons pas. La création d'une union sur la base du monométallisme-or, loin d'être un acheminement vers l'unification monétaire des peuples, la rendrait définitive-ment impossible. Une union de ce genre diviserait en effet le monde en deux parties bien tranchées : celle qui admettrait la circulation de l'argent et celle qui n'admettrait que la circulation de l'or; et il est visible qu'il n'y aurait aucun point de raccord entre elles.

L'adoption de l'étalon unique d'or par les États-Unis et les grandes nations de l'Europe aurait, au surplus, de tout autres conséquences que de fermer la porte à une union monétaire de tous les peuples sans exception. Une union monétaire semblable, il n'y en a pas encore eu ; on en souhaite une, on sent qu'il en résulterait de grands avantages; cependant, il faut bien en convenir, on ne regarderait pas tout comme perdu, en s'apercevant qu'on n'arrivera jamais à la réaliser.

Mais c'est le commerce international qui serait particulièrement atteint par une mesure de ce genre. Qu'on se rappelle ce que nous avons dit au début. Les systèmes monétaires jouent un rôle très important dans le commerce international ; lorsqu'on a un solde à payer, on ne peut se servir que d'or ou d'argent, et des difficultés se dressent quand un système est monométalliste, c'est-à-dire quand il ne permet de donner ou de recevoir en payement qu'un seul des deux métaux.

On devine par là quelle barrière le monométallisme-or élèverait entre les nations. Il serait une véritable muraille de la Chine. Comme les contrées les plus riches, celles qui ont le plus besoin d'écouler leurs produits, seraient celles qui jouiraient du monométallisme-or, les récriminations de M. Balfour, que nous avons reproduites plus haut, donnent une idée de ce qui se passerait entre ces contrées et les pays où la circulation serait entièrement d'argent. Elles devraient s'arranger pour n'avoir jamais de payement en numéraire à recevoir. Inutile de détailler les embarras de toutes sortes qui en résulteraient. Il faudrait absolument prendre des produits en échange de ceux qu'on apporterait, ou renoncer au négoce; le commerce serait obligé de revenir à ses procédés primitifs ; il ne pourrait plus s'opérer que par le troc; ce serait le retour à la barbarie commerciale.

Il suffit d'un seul coup d'œil pour constater que le choix d'un système bimétalliste ne prête le flanc à aucune de ces critiques. Avec ce système, en effet, s'agit-il de la balance du commerce et d'un appoint à verser? On paye en or ou en argent, comme on le peut ou comme on l'entend, puisque les deux métaux trouvent leur placement dans tous les pays. S'agit-il, d'autre part, d'une union monétaire universelle? Les pays qui préfèrent l'or ont toute liberté d'avoir la monnaie à leur convenance; ceux qui préfèrent l'argent sont dans la même situation; aucun n'est sacrifié aux autres; tous les intérêts existants sont sauvegardés; le bimétallisme supprime les antagonismes qui se produisent actuellement entre eux. Un système bimétalliste, en un mot, abolit toutes les entraves que le commerce international trouve dans la diversité des systèmes monétaires, et il ne demande aux gouvernements, pour l'établissement d'une union générale, qu'un peu de bon vouloir.

Nos lecteurs doivent reconnaître que nous n'étions pas téméraire, en soutenant que le monométallisme est un expédient anti-économique, anti-scientifique et contraire à l'extension du commerce international, comme à l'établissement d'une union monétaire universelle. Les développements, peut-être un peu longs, dans lesquels nous avons dû nous engager, font voir qu'aucun de ces reproches n'est immérité.

Pour nous résumer en terminant, nous répéterons ce que nous avons déjà eu occasion de dire dans le cours de cette étude. Quand bien même le monométallisme serait parfait et inattaquable en théorie, quand bien même il ne devrait pas avoir dans la pratique toutes les conséquences que nous avons vues, ce n'est pas en sa faveur que la Conférence monétaire peut se prononcer. La preuve la plus convaincante, c'est, qu'en fait, le monométallisme-or existe aujourd'hui en Angleterre, aux États-Unis, en Allemagne, dans les sept pays de l'Union, et que tous ces États, sauf l'Angleterre, ont envoyé des délégués pour se mettre d'accord sur une reprise du monnayage de l'argent, c'est-à-dire pour un retour au bimétallisme.

Tous les hommes soucieux du progrès économique et de l'union des peuples sur le terrain des intérêts, doivent donc faire leurs efforts pour que la solution bimétalliste, qui, seule, peut servir de base à cette union, rencontre une adhésion générale.

www.ingramcontent.com/pod-product-compliance
Lightning Source LLC
LaVergne TN
LVHW021803170726
843503LV00007B/3010